KB164721

G3 대한민국
: K-국부론에서 길을 찾다

G3
대한민국

K-국부론에서 길을 찾다

안종범 지음

"K-Pop, K-Food 등 K 시리즈로 전 세계인의 사랑과 주목을 받고 있는

대한민국이 조금만 더 가면 G3로 갈 수 있다는 확신에 찬 보고서"

 정책평가연구원
Policy Evaluation Research Institute

"여기서 조금만 더 가면 된다"

5천 년 역사를 통틀어 바로 지금 이 순간, 대한민국의 위상은 최고 수준에 올라 있다고 할 수 있다. 경제적으로는 세계 10위권 수준을 달성했고, 문화적으로는 전 세계 수많은 사람들이 K-Pop과 K-Drama 등 K-시리즈에 열광하며 그 인기가 최고조에 달해 있다.

이 땅에 역사가 시작된 이후 우리나라가 세계의 주목을 제대로 받은 적이 없었다는 사실을 생각해 보면 매우 놀라운 결과라 하겠다. 더구나 6·25전쟁을 겪고 나서 1950~1960년대 최빈국 중 하나로 선진국의 원조를 받았던 사실을 돌이켜보면 '한강의 기적'이라는 표현이 딱 어울린다 하겠다.

이처럼 단기간에 국가의 위상을 끌어올린 사례는 세계적으로 그 유례를 찾아볼 수 없다. 분명 우리 국민의 역량은 남다르다고 할 수 있다.

이러한 발전의 밑바탕에는 국민들의 단합이 필수불가결하지만, 그동안 국민 중 일부는 '헬조선'을 외치며 국가의 정책을 부정적으로 받아들이고 맹목적인 비판을 일삼았다. 그런데 아이러니하게도 이러한 부정과 비판이 우리의 발전에 도움이 되었을 수도 있다.

부정과 비판 그리고 대립의 역학관계는 ① 새로운 가치를 추구하게 하고, ② 경쟁을 통한 급속성장을 이루어내고, ③ 나아가 새로운 발전 동력을 지속적으로 창출하도록 도왔다고 평가할 수 있다.

필자는 군사독재 시절을 옹호할 생각이 전혀 없다. 하지만 독재 정권 아래에서 정부와 민간의 산업화를 통해 눈부신 경제 발전을 이루어 냈다는 사실만큼은 부정하지 못한다.

대한민국은 민주화 과정을 거치며 성장과 복지의 열매를 수확했으며, IMF 외환위기와 같은 국난이 찾아왔을 때는 모든 국민이 힘을 하나로 합해 이를 극복해 냈다. 투명한 사회를 이루기 위해 주변 국가들은 상상조차 하지 못하던 금융실명제를 전격 도입했다.

물론 대한민국은 여전히 심각한 갈등과 정쟁 속에 사회 곳곳에서 봇물 터지듯 쏟아져 나오는 요구로 몸살을 앓고 있는 것도 사실이다. 그런데도 이러한 갈등구조를 인정하고 국민적 포용과 화합의 가치를 일궈 낸다면 충분히 G3로 갈 수 있다.

더구나 우리에게는 아직 남북통일이라는 역사적 미완의 과제도 남아 있다. 따라서 한 번 더 국운을 꽃피우고 저력을 발휘할 수 있는 기회가 남아 있다고 생각한다. 좌절과 포기를 버리고 기대와 희망을 갖고 냉철하고 치밀하게 준비한다면, 대한민국은 헬조선에서 G3로의 대도약을 완벽하게 실현해 낼 수 있다고 장담한다.

이 책은 우리가 가지고 있는 '헬조선'과 같은 부정적인 관념과 갈등·대립구도 등을 긍정의 사고와 화합으로 변화시키면서 G3로 가는 여정과 방법을 함께 고민해 보고자 기획한 것이다. 물론 G1이 되기에는, 국제정치사에서의 힘도 달리고 자원도 부족하다고 판단한다. 그러나 전문가들이 한결같이 지적하는 것처럼 21세기는 더 이상 석유가 중심자원이 되지 않을 것이다. 대신 우리가 가진 세 가지 자원이 핵심역량으로 작용할 것인데, 인적자원, 정보통신기술(ICT) 자원 그리고 원자력 등 신재생에너지 자원이 그것이다.*

---

* 신재생에너지는 신에너지와 재생에너지를 합한 개념이다. '신에너지'란 기존의 화석연료를 변환시켜 이용하거나 수소, 산소 등의 화학 반응을 통하여 전기 또는 열을 이용하는 에너지로서 수소에너지, 연료전지, 석탄액화가스화 및 중질산사유 가스화의 세 가지가 있다. 그리고 '재생에너지'란 햇빛, 물, 지열, 강수, 생물유기체 등을 포함하는 재생 가능한 에너지를 변환시켜 이용하는 에너지로서 태양광, 태양열, 풍력, 수력, 해양, 지열, 바이오, 폐기물과 같은 여덟 가지를 포함한다.

우리가 갖고 있는 이 세 가지 자원이 융합하면서 21세기 대한민국의 엄청난 국부를 형성하게 될 것이다. 18세기 산업혁명으로 새로운 기술이 모든 분야의 생산성을 획기적으로 증대시키면서 국부를 증진시키는 결과를 가져왔듯이, 우리가 21세기 현시점에서 갖고 있는 핵심역량은 우리만의 가치와 문화와 결합하면서 G3까지 도약할 수 있게 된다는 것이다.

산업혁명이라는 일종의 하드파워에 자본주의라는 소프트파워가 결합되어 18세기 이후 세계적인 고도성장을 이루어 내는 과정에는 애덤 스미스의 『국부론』이 가이드북 역할을 했다. 이처럼 우리의 인적·물적자원이라는 하드파워에 이른바 K-시리즈로 일컬어지는 소프트파워를 더해서 G3로 가는 과정에 이 책이 이른바 'K-국부론'의 역할을 하고자 하는 것이다.

2023년 올해는 애덤 스미스 탄생 300주년이 되는 해다. 애덤 스미스는 53세가 되던 1776년 3월 9일에 『국부론』을 발간했다. 철학자였던 그가 자본주의와 시장경제의 기본 이론이자 철학 역할을 한 『국부론』을 발간했던 1776년은 세계사와 우리 역사에서 큰 의미를 갖고 있다.

미국은 그해 7월 4일 독립선언문을 발표했다. 그리고 우리는

1776년 4월 27일 조선 22대 왕 정조가 즉위했고, 그해 11월 5일에는 규장각을 설치했다. 즉, 『국부론』이 발간되던 해에 우리 조선에서는 실학을 중시한 정조가 즉위하여 규장각을 설치하였고, 그 후 다산 정약용 등과 같은 학자를 양성했다. 이처럼 우리 역사는 『국부론』과 연결고리를 형성할 수 있는 것이다.

그래서 이 책은 국부론의 기본 이념과 이론을 기초로 하는 K-국부론을 구성함으로써 G3로 가는 길을 찾으려 하는 것이다. 『국부론』의 원래 책 제목은 『국부의 형성과 그 본질에 관한 연구_An Inquiry into the Nature and Causes of the Wealth of Nations_』이다. 『국부론』은 제목이 의미하는 바와 같이 노동과 자본의 국부 형성과 증진 과정에서의 역할, 경제이론, 정치경제, 국제 비교 등이 핵심내용이다. K-국부론도 지금까지 우리가 여기까지 오는 과정에서의 노동과 자본의 역할, 그리고 정치경제와 국제비교를 통한 특성을 살펴보고 이를 기초로 더 나아가 G3까지 가는 여정을 밝히고자 하는 것이다.

이에 1부는 우리나라의 역사적 선진성을 되짚어 보고자 한다. 우리나라는 세계사에 보기 드문 문화 사회적 선진국이었다는 점을 기억할 필요가 있다. 식민사학의 영향으로 우리는 늘 우리의 못난 점만 죽도록 기억하며 패배의식에 사로잡혀 있었다. 하지만 역사를 바로 세워 우리가 가진 장점을 살리고 단점을 개선하려는 의식의 대전환이 필요하다.

이제 우리 역사의 진면목을 바로 세워 나갈 때가 되었다. 고대로부터 근세에 이르는 우리 왕조역사가 어떻게 이어져 왔고, 일제와 독립, 그리고 한국전쟁을 겪으면서도 우리가 산업화·민주화·정보화로 지금의 성공에까지 어떻게 이르렀는지 주요 사건 중심으로 살펴보기로 한다.

이 책은 최근 박종인의 『대한민국 징비록』과는 반대의 접근 방법을 취한다. 박종인은 1543년 유럽에서는 코페르니쿠스의 지동설, 일본에서는 철포전래 그리고 조선에서는 서원설립이라는 세 가지 사건이 어떻게 일본을 흥하게 했고 조선을 망하게 했는가를 반성하는 의미의 징비록을 썼다. 반면 이 책은 우리의 성공 사례를 중심으로 성공의 요인과 여기에서 작동한 우리의 DNA를 살펴보면서 이를 통해 새로운 성공, 더 나아가 도약을 통해 G3까지 갈 방법을 모색한다.

2부는 그동안 헬조선과 같은 부정적 성향이 어떻게 역할을 해서 긍정적 힘으로 바뀌었는지 분석한다. 한류의 여러 형태인 K-시리즈가 어떻게 헬조선을 넘어서, 세계적인 사랑을 받고 있는지도 살펴본다.

3부는 그동안 70년 현대사에서 대한민국 정부가 어떤 명품 정책들을 만들어 냈는지 살펴본다. 세계사에서 우리를 향해 찬사를 보내고 있는 성공적인 정책 사례들이 수두룩하다. 그들은 우리를 보고 배우려 하는데 정작 우리는 성공한 정책을 버리는 잘못을 범할 뻔했다. 따라서 이런 명품 정책이 우리의 경제·사회 발전에 어떻게 기여했는가를 분석하고 계승해 가려는 노력을 계속할 필요가 있다. 이것은 일부 비속어처럼 쓰이는 국뽕 찬사와는 차원과 격이 다르다.

4부는 G3로 가는 데 있어 우리의 장애물과 역경의 환경들을 살펴보고, 5부는 G3로 가는 데 있어 꼭 필요한 과제를 논의한다.

1부에서 5부까지의 논의에서는 우리가 세대별로, 이념별로, 혹은 진영별로 서로 다르게 해석하거나 혹은 간과할 수 있는 각종 사실(史實)들을 정리하고자 한다. 여기서 필자는 다음과 같은 네 가지를 사료적 토대로 제시한다.

첫째, 사실과 관련된 당시 증거자료와 기사들
둘째, 사실을 보여 주는 여러 관련 사진들
셋째, 관련 통계, 정부발표자료와 같은 근거자료들
넷째, 관련된 동영상의 QR코드 등이다.

이런 네 가지 번거로운 자료를 일부러 첨부한 것은 사실과 기억의 왜곡 사이에서 그 간극을 줄여보고자 한 것이다. 지금이야말로 우리의 미래를 포기하지 말고 희망찬 기대를 준비하는 노력이 필요할 때다. 여기까지 온 우리의 능력과 열정은 충분히 높이 평가받아야 한다. 그래서 헬조선과 같은 부정적 관념을 개선하고자 하는 의지의 표현으로 만드는 긍정의 힘이 필요하다. 이런 긍정의 힘으로 우리는 여기서 조금만 더 가면 된다. G3 대한민국으로!

목차

1부

역사적 약자에서
사뭇 달라진 위상

김훈 소설 『남한산성』이 영화로 만들어지며 인기를 끌었다. 이 영화는 병자호란(1636년) 당시 인조가 남한산성으로 피해 있는 동안, 주화파인 최명길(이병헌 분)과 척화파인 김상헌(김윤식 분) 간의 논쟁을 중심으로, 명에서 청으로 바뀌는 과정에 있던 중국에 예속된 조선의 운명을 극명하게 보여 주었다.

오랑캐인 만주족에게 중원을 내주어야 하는 상황에 처한 명나라와 이런 허약해진 나라를 군신관계로 떠받쳐야 하는 조선의 입장을 세밀한 필체로 다룬 작품이었다. 특히 청의 침략에 맞서 명과 황제에 대한 사대의 명분을 지킬 것인지, 백성의 안위를 앞세우며 나라부터 살리고 볼 것인지 실리 싸움을 놓고 벌이는 정치권의 격돌이 가슴 아프게 다가왔던 작품이었다.

우리 역사는 상당 기간 약소국의 운명에서 늘 나라와 국민이 힘들고 위축되어 왔었다. 〈남한산성〉 영화에서 우리가 섬뜩하게 느꼈듯이 17세기는 우리나라의 운명이 존폐의 위기에 처하기도 하는 암울한 시기였다.

영화 <남한산성> 예고편[*]

그렇지만 3천 년 우리 역사에는 우리가 미처 알지 못하거나 내세우지 못한 강한 힘을 그리고 저력을 갖고 있었다는 사실 또한 있다. 그래서 이 책은 무엇보다 먼저 우리 역사에서 자랑스럽게 내세울 만한 것들을 새롭게 조명해본다.

[*] 출처: CJ ENM

1. 삼천 년 약소국의
   역사를 뒤집다

우리 역사를 보면, 국가로서의 고조선부터 20세기 초 조선에 이르기까지 중국이라는 대국에 예속되지 않은 적이 별로 없었다. 고조선 시대 일부와 삼국 시대의 광개토대왕 시절, 통일신라 발해의 남북국 시절 일부는 우리나라가 중원 땅을 넘보던 시기도 있었다.

하지만 고려를 침범한 원나라와 명나라를 무너뜨린 청으로 넘어가는 격변의 시기에 우리는 민족적으로 크나큰 시련을 겪었다. 국력이 약해 우리 백성이 겪어야 했던 이 모든 과정을 우리는 역사를 통해 배워왔다.

21세기 초반에 이르러 우리는 달라진 국력으로 세계를 향해 나가고 있다. 중국만 해도 삼천 년 군신관계로 우리를 내려다보는 것이 아니라 경쟁 관계로 우리를 견제하는 입장으로 바뀌었다. 우리의 과학 기술력과 경제력을 견제하기 위해 온갖 협박과 견제를 동원하면서 한편으론 자국 내로 무섭게 확산되어 가는 한류 문화와 기술한국의 공격을 감당하기 버거워하는 모습도 발견하게 된다. 경제의 총량은 커졌으나 사회와 문화적 수준, 글로벌 국민의식의 향상은 아직 후진국 양상 그대로라고 비평하면서도 한편으로 흉내 내려는 이중적 사고방식도 엿볼 수 있다.

중국사람들은 우리 문화와 상품을 프리미엄급으로 받아들이고 좋아하면서 한편으로 배척하는 것이 지금의 상황이다. 우리 선조들이 타임머신을 타고 지금 이 시대로 와서 우리를 보면 감격의 눈물을 흘리실 게 분명하다.

절망적인 국력을 어떻게 이처럼 엄청난 국력으로 키워 냈는가는 우리만이 아니라 온 세계가 놀라워하고 궁금해한다. 그래서 우선 우리 왕조의 역사가 얼마나 대단했는지 돌아본다. 그리고는 우리가 1945년 해방을 맞이하고 1950년 한국전쟁을 치른 이후, 원조를 받던 최빈국에서 불과 50년 만에 원조를 주는 OECD 국가가 되는 과정과 외환위기 등을 극복한 우리의 힘을 성찰해 보는 것이 필요하다.

세계사적으로 드문 장수 왕조국가

왕조국가로 지내 온 수천 년의 인류역사는 근현대에 이르기까지 계속되었다. 21세기에 들어서도 여전히 왕이 존재하는 국가들도 있지만, 사실상 군주가 본격적으로 통치하는 시대는 끝났다.

역사를 통해 우리는 왕권 통치 국가는 왕조가 안정적으로 이어지기 어렵다는 것을 숱하게 목격해 왔다. 권력을 차지하기 위한 정쟁과 혈투는 가족을 죽이는 것조차 서슴지 않을 정도로 처절했다. 그 결과 동아시아 문명국이었던 한 중 일 가운데 중국과 일본은 수많은 왕조가 나타났다 사라지기를 계속해 단명한 왕권 정치의 실상을 그대로 보여 주었다.

그러나 우리 역사는 이들과 달랐다. 신라, 고구려, 백제, 고려, 조선이 각각 992년, 705년, 678년, 475년, 518년으로 장수 왕조를 유지했다는 점에서 세계 어느 국가도 이루지 못했던 탄탄한 왕권 국가로서의 기록을 남겼다.

신라는 박혁거세로부터 경순왕까지 56명의 왕이 BC 57년부터 935년까지 992년간 국가를 통치했다. 우리 역사상 가장 넓은 영토를 차지했던 고구려는 BC 37년 동명성왕 때부터 AD 668년 제28

대 보장왕을 끝으로 멸망할 때까지 705년간 한반도의 북부와 중국의 동북지방을 기반으로 국가를 유지했다. 백제는 BC 18년 부여에서 내려온 비류와 온조 세력에 의해 창건된 후 AD 660년 의자왕을 끝으로 멸망할 때까지 678년간 왕조가 유지되었다.

고려는 태조 왕건에서부터 공양왕까지 34대 왕을 거치면서 918년부터 1392년까지 475년간 존속했다. 태조 이성계가 고려를 멸망시키며 건국한 조선은 1910년 순종을 마지막으로 27명의 왕이 승계하면서 1392년서 1910년까지 518년간 존속되었다.

<한국의 왕조 역사>

구분	창건 군주(연도)	마지막 왕(연도)	기간/왕대
고조선	단군왕검(BC 2333)	우거왕(BC 108)	2225년/??대
신라	박혁거세(BC 57)	경순왕(935)	992년/56대
고구려	동명성왕(BC 37)	보장왕(668)	705년/28대
백제	온조(BC 18)	의자왕(AD 660)	678년/31대
고려	태조 왕건(918)	공양왕(1392)	475년/34대
조선	태조(1392)	순종(1910)	518년/27대

중국 등 다른 오랜 역사를 가진 문명국가들과 비교했을 때 우리 왕조의 수명이 이렇게 길었던 점은 주목할 만하다. 중국의 경우 고

작은 60개 왕조의 존속기간이 평균 65년 정도다.

  60개 왕조 중 오래 존속한 경우는 청나라(296년), 당나라(289년), 명나라(276년), 전한(前漢)과 요나라(각각 209년) 정도로 300년을 넘긴 나라가 하나도 없었다. 게다가 거란의 요나라, 몽고의 원나라, 여진의 청나라는 한족도 아닌 북방세력이 세운 나라였다. 한족으로서는 나라를 빼앗긴 피지배자 신분으로 살던 기간이었다. 그들이 그토록 『정관정요』를 자랑하며 실크로드의 화려한 업적을 강조하는 당나라조차 사실상 북방 민족의 왕조가 아니었던가?

  서양 국가들 역시 마찬가지라고 할 수 있다. 영국, 프랑스, 독일 등 유럽 국가들의 역사에서 나타나는 왕조의 수명 또한 300년을 넘긴 경우가 거의 없다.

2. 통치 시스템이
제대로 갖추어진 나라

왕조의 수명이 길다는 것의 의미가 여러 가지로 해석될 수 있지만, 적어도 국가를 외부로부터의 공격에서 지켜내고 내부의 혼란을 최소화함으로써 왕조를 이어갔다는 점에서, 긍정적으로 평가할 수 있다. 우리 역사에서 월등히 긴 수명의 왕조들이 유지되었다는 것 또한 우리 내부에 내재된 힘을 보여 주는 것이며, 긴 수명의 왕조를 이어 갔다는 것은 우리 역사에서 국가가 안정적이었고 발전적이었다는 의미를 갖는다고 하겠다. 이를 한마디로 정리하자면, 제대로 된 통치 시스템이 작동하는 나라였다는 것이다.

그 어떤 왕조도 국민의 삶이 힘든 상황이 지속되거나, 다른 국가와의 관계에서 굴복하게 되면 이어질 수 없다. 그런데 거대하고 강력한 국가인 중국에 접하고 있으면서도 우리 왕조가 이처럼 오랜 기간 유지되었다는 것은 우리 국민이 갖춘 탁월한 생존능력과 결집력 덕분일 것이다.

삼국 시대 한반도 내에서 끊임없이 전쟁을 하면서 대립했지만 통일을 이루고 또 문화나 국력을 키우는 잠재력을 보여 준 신라, 후삼국으로 분열된 상황을 극복하고 통일을 달성하고 무신의 난을 겪으면서도 이어 간 고려 그리고 당파싸움이라는 분열과 부정의 과정을 극복하면서 과학과 문화를 키워 나간 500년 왕조 조선에 이르기까지 우리는 이 엄청난 왕조들이 어떻게 유지되고 발전되었나를 긍정의 사고로 짚어 봐야 한다.

왕조의 수명이 길다는 것과 함께 우리의 영토가 넓었다는 것도 새롭게 조명되어야 하는 중요한 사실이다. 우리의 국경이 그동안 세계사와 한국사에서 배웠던 것보다 훨씬 광범위했다는 사실을 많은 고지도와 고문헌을 통해 밝힌 연구가 있다.

경제전문가이자 기업인이었던 윤순봉 전 삼성경제연구소 사장은 최근 강연과 유튜브 채널을 통해 한민족의 국경이 어떻게 변해 왔는가를 밝힌 바 있다. 그는 고조선, 고구려 등으로 이어지는 한민족의 국경이 중국에 의해 의도적으로 조작되고 축소되어 왔다고 여러 고지도를 수집·분석하여 주장하였다.

그는 고조선이 압록강 북쪽에 위치하고 있었고, 고구려와 고려 시대의 평양이라는 지명이 우리가 현재 알고 있는 위치가 아니라 중국 요동의 요양이라는 것을 보였다. 그리고 압록강도 현재 우리가 알고 있는 위치가 아니라 훨씬 북서쪽인 요하라고 강조하였다.

이러한 윤순봉 전 사장의 주장은 우리 역사학계에 새로운 도전이지만 아직까지 우리 역사학자들은 침묵을 지키고 있다. 앞으로 우리 영토에 대한 논의가 이를 계기로 활발히 진행되기를 기대해 본다.

지난 5천 년 동안 한민족과 지나족 사이의 국경은 어떻게 변했는가?[*]

이러한 우리 민족이 가진 위대하고 남다른 유전자가 해방 후 전쟁을 겪고 난 폐허에서 50년 만에 강대국으로 우뚝 선 오늘날의 우리나라를 만들어 냈다는 점에 주목해야 한다. 늘 중국과 일본에 침

[*] 출처: 윤순봉의 서재 유튜브(https://youtu.be/VORj9gV2rJQ), 2022.7.28.

략을 받았다는 피해의식이 아니라 이를 극복하면서 이어온 엄청난 왕조의 역사와 넓은 영토를 이해하는 것이 중요하다. 그러니 한민족의 역사는 위기 극복과 승리의 역사라 정리해도 절대 지나치지 않을 것이다.

3. 조선왕조의
    빛나는 업적

유네스코가 인정한 기록문화

인류의 역사에서 문자가 사용된 후, 그 문자를 통해 기록을 남긴 국가와 국민이 얼마나 될까? 그렇게 많지 않다고 할 수 있다. 수렵, 유목 등의 활동을 기록으로 남긴다는 의미를 알지 못했고, 또 기록을 남길 수단인 문자가 없다는 제약도 작용하여 기록을 체계적으로 남긴다는 것을 힘들게 했기 때문이다.

그래서 유네스코는 기록문화에 큰 가치를 부여하고 있다. 이렇게 중요하게 인식되는 기록문화 중에서도 우리 역사는 두드러진다. 유네스코는 『조선왕조실록』과 조선왕실 『의궤』, 『동의보감』을 세계기록문화유산으로 선정하기도 했다.

『조선왕조실록』은 왕조와 관련된 기록을 남긴 로마나 중국 등에 비교할 때, 정확성, 엄정성, 구체성 등의 측면에서 탁월하다. 518년간 27명의 왕조와 통치 기록을 이처럼 체계적으로 작성하고 보존한 경우가 없기 때문이다.

명·청이나 일본의 실록은 비교조차 할 수 없는 정확성과 기록 문화의 우수성을 보여 준다. 심지어 운석의 낙하와 일식 월식, 혜성의 움직임, 지진에 대한 기록도 정확하게 남겼다. 이러한 과학적 기록유산은 세계사에 유례를 찾아보기 어렵다.

『조선왕조실록』 관련 정보[*]

분량으로도 압도적인 6,400만 자다. 6,400만 자는 1초에 한 자씩 하루 4시간을 보면 11.2년 걸리는 분량이다. 왕의 생전에 사관을 통해 매일 매시간 기록하여 자료로 남겼는데, 이 기록은 왕이 볼

[*] 출처: 국사편찬위원회 조선왕조실록 홈페이지(http://sillok.history.go.kr/main/main.do)

수 없었다. 왕의 사후에 실록편찬위가 구성되어 기록을 최종 정리하는 체계적인 과정은 전 세계 역사상 어느 왕조도 하지 못했던 것이었다. 전임 군주는 자신이나 선대 왕에 대한 기록을 열람하지 못하도록 엄격하게 관리했다는 점도 놀랍다. 모든 왕이 실록은 최대한 객관적으로 관리되고 쓰여야 한다는 엄정한 역사의식을 가졌기에 가능했다.

『조선왕조실록』은 어느 왕조의 기록보다 구체적이라는 점에서도 자랑스럽다. 매일 왕의 활동과 어록을 기록했기에, 『승정원일기』 등 다른 역사자료와 비교하여 당시 역사적 사실을 파악하는 데 크나큰 도움이 된다. 승정원은 오늘날의 대통령 비서실로서 사실상 최고 권력기구인데, 왕에게 올릴 보고서와 어제 받은 하명서 그리고 왕에게 할 말 등을 매일매일 회의했고, 이를 일지로 500년 동안 적어 놓은 것이 『승정원일기』이다. 이 역시 조선이 망한 해인 1910년까지 쓰였지만 안타깝게도 임진왜란 때 절반이 불타고 지금 288년 분량만이 남아 있다. 그러나 이를 보완하는 사료는 상당수 존재한다.

『승정원일기』관련 정보*

분량은 무려 2억 5,000만 자에 이른다. 그리고 『일성록(日省錄)』이라는 왕들의 일기도 남아 있다. 정조는 세자일 때 일기를 쓰기 시작해서 왕이 되고 나서도 썼는데, 이것이 그 후에도 계속 이어져서 1910년까지 쓰였다. 왕들의 150년 분량의 일기가 남겨진 것이다. 이 또한 전 세계에서 찾아볼 수 없는 엄청난 기록유산이다.

통치를 위해 쓴 왕의 일기, 『일성록』**

* 출처: 국사편찬위원회 승정원일기 홈페이지(http://sjw.history.go.kr/main.do)
** 출처: 문화유산채널, 2017.10.30.

『일성록(日省錄)』표지[*]

이처럼 기록을 객관적·체계적·구체적으로 남겨야 한다는 한국인의 전통적 의지가 이어져 오늘날의 SNS 문화와 댓글 문화로 활발하게 발전하게 된 것이라 한다면 지나친 것일까?

『조선왕조실록』의 사본을 본 외국 학자들은 당대의 사료를 구체적이고 풍부하게 기록하고 있다는 데 놀라워한다. 이는 당시 사관이 목숨을 걸고 지켜 내고, 또 많은 선조들이 온갖 난관을 극복하면서 보존했다는 점에서 우리 기록문화의 우수성이 주목받고 있다는 방증이라고 본다.

조선왕조『의궤(儀軌)』는 조선 시대 왕실이나 국가에 큰 행사가 있을 때 후세에 참고하기 위하여 그 일의 전말, 소요된 재용과 인

* 출처: 서울대학교 규장각한국학연구원

원, 의식절차, 행사 후의 논상 등을 기록하여 놓은 책이다.

조선 초기 것은 얼마 안 되고 조선 후기부터 대한제국이 멸망할 때까지 작성된 『의궤』는 총 608종이 남아 있다. 그중 국왕 및 왕비의 국장과 관련이 있는 『의궤』는 163종에 달한다. 여기에는 국장, 빈전(殯殿), 혼전(魂殿), 산릉(山陵), 부묘(祔廟)에 관한 『의궤』가 있고 52종의 세자 및 세자빈의 예장(禮葬)에 관한 『의궤』가 있는데, 이는 예장, 빈궁(嬪宮), 혼궁(魂宮), 묘소(墓所)에 관한 것이다. 예컨대 왕실과 국가의 주요 행사 기록은 예산부터 형식, 진행과정, 사전 준비과정, 결과까지를 자세히 기록한 그림와 텍스트의 기록이라 세계사에서 이토록 구체적인 사료로서의 가치를 지닌 것 역시 유례를 찾아보기 어렵다.

천하의 보배, 『동의보감』*

* 출처: 문화유산채널, 2019.12.16.

『동의보감』역시『본초강목』등 기존 중국의 수많은 의료서적 등이 있었음에도 유네스코 기록문화유산으로 선정되면서, 한국 기록문화의 탁월성을 입증했다. 선조의 명으로 시작된 허준의 의서 편집은 오랜 노력의 결실로, 15년간 230여 종의 책을 참고하여 광해군 2년 1610년 25권의『동의보감』으로 완성되었다. 이는 세계적으로도 유례가 없는 임상의학 백과전서(百科全書)로 인정되고 있다.

세계 최초 금속활자인쇄와 세계 유일 창제문자 한글

세계 최초의 금속활자인쇄는 우리 선조들이 이루어 냈다. 구텐베르크의 1455년 성경 금속활자인쇄보다 80년가량 앞선 1377년, 고려 시대에 발명된 금속활자로 인쇄된『직지』는 세계 최초의 금속활자본으로 2001년 유네스코 세계기록유산으로 등록되어 있다.

『직지』, 활자의 시간여행*

* 출처: 문화유산채널, 2021.9.13.

'직지' 재해석 영문 수정판 책 출판… 세계에 홍보 나서[*]

다만 구텐베르크는 성경을 인쇄해 시장에 내놓으면서 활성화시켰지만, 우리는 시장을 통해 확산시키지 못했다. 만일 우리도 금속활자인쇄기술을 개발한 뒤, 이를 널리 활용해서 다양한 책들을 찍어 냈다면, 당시 국민들도 책을 통해 지적 수준이 향상되었을 것이고, 나라도 더 발전했을 것이다. 한 번 찾아온 기회를 얼마나 잘 살리느냐는 당시 그 국가의 지도력과 체제에 달려 있다고 할 수 있다.

[*] 출처: 국민일보, 2020.11.17.

세계에서 문자를 기획하여 만드는 데 성공하고 이를 퍼뜨린 것은 한글이 유일하다. 심지어 창제한 원리와 배경까지 기록으로 남아 있다. 세계 저명 언어학자들이 감탄할 정도로 과학적인 문자인 한글은 배우기 쉬울 뿐 아니라, 음운문자로서 모든 소리를 글로 표현할 수 있는 엄청난 문자이다. 세종이 기획하고 집현전 학자들을 동원해서 창제한 한글은 '훈민정음'이라는 이름과 같이, 세종이 얼마나 백성을 위하고 나라발전에 애를 썼는지 알 수 있다.

우리말과 한자가 맞지 않아 일반 국민들이 힘들어 한다는 것을 알고, 모든 국민이 한글을 사용하게 해서 평등한 생활과 교육을 받게 하려는 큰 뜻이 있었다. 그러나 아쉽게도 사대부를 중심으로 하는 관료들의 반발로 세종의 참뜻이 실현되기까지는 수백 년이 걸렸다. 우리가 금속활자를 발전시키지 못했던 것과 같이, 한글 역시 보편화시키지 못하고 세월이 지나갔고 결국 역사적 발전이 더디어졌다고 할 수 있다.

21세기 세계 최고 IT 강국으로 자리매김하고 있는 우리는 현재 IT와 한류를 기반으로 세계인에게 한글문화를 보급할 절호의 기회 앞에 있다. K-Pop 가사를 자신들의 언어로 번역하는 대신 하루 만에 배울 수 있는 한글로 받아쓴 뒤 이를 보며 따라 부르는 세계인이 우리 앞에 서 있다.

경청의 지도자 세종의 위대함: 저울과 세금

세종의 위대함은 한글창제에서 그치지 않는다. 특히 한글을 창제한 목적에서 알 수 있는 세종의 국민사랑은 경제 분야 혁신에서도 잘 나타난다. 세종은 민생경제 분야에 늘 신경을 쓰며 제도개선을 위해 노력했다. 이러한 노력은 기본적으로 오늘날 시장경제라 불리는 원리에 입각하여 이루어졌다는 것이 놀랍다고 할 수 있다.

대표적인 예가 저울이다. 세종은 저잣거리에서 상인들이 저울을 갖고 백성들을 속이는 사례가 많다는 보고를 받고는 공인 저울을 많이 만들어 시장에 두고 사용하도록 지시했다. 여느 왕이나 오늘날 지도자의 경우 이러한 보고를 받고 가장 먼저 할 법한 지시는 저울을 속이는 상인들을 잡아서 벌을 주라는 정도일 것이다. 그런데 세종은 그렇게 하지 않고 역으로 공인 저울을 시장에 비치하여 백성들이 사용하게 하면 자연히 저울로 속이는 상인들이 사라질 것이라는 시장경제 원리를 사용한 것이었다.

『세종실록』13권, 세종 3년(1421년) 8월 18일에 보면「공조의 시장 저울의 부정확에 대한 조치를 올린 소문」제목하에 "공조에서 계하기를, '중외(中外, 서울과 지방)의 저울(칭자, 秤子)이 근량이 부정하니, 법에 의하여 교정시켜서 중외에 펴게 하소서' 하니, 임금이,

'많이 더 만들어서 경시서(京市署)에 두어, 백성들이 자유롭게 사게 하라'고 명했다"라고 나온다.

『세종실록』 13권, 세종 3년(1421년) 8월 18일*

1년 후 『세종실록』 16권, 세종 4년(1422년) 6월 20일, 「저울을 만들어 올리다」 제목하에는 "임금이 공청이나 사가에서 사용하는 저울(칭자, 秤子)이 정확하지 아니하므로, 공조 참판 이천(李蕆)에게 명하여 개조하게 했다. 이날에 이르러 1천5백 개를 만들어 올렸는데, 자못 정확하게 되었으므로 중외(中外)에 반포하고, 또 더 만들어서 백성들로 하여금 자유로이 사들이게 했다"라고 기록되어 있다. 그

* 출처: 국가기록원

리고 5년이 지난 후에도 『세종실록』 35권, 세종 9년(1427년) 3월 5일에도 "공조에 명하여 중외의 저울을 모두 교정하여 만들게 하다"라고 나온다.

공법개혁의 위대성

또 하나의 경제 관련 제도개혁은 공법개혁으로서 이른바 '전분육등·연분구등법(田分六等·年分九等法)'이라 하겠다. 토질에 따라 여섯 등급으로 나누고 풍흉에 따라 아홉 등급으로 나누어 세금을 매기는 조선 시대의 핵심 조세제도다. 그런데 이 제도를 도입하는 과정에서 세종이 국민투표까지 실시했다는 사실을 아는 사람은 드물다. 이는 세종의 소통정치에 전형을 보여 주는 예다. 당시에는 관원이 직접 현장에 나가 농산물 작황을 조사한 결과를 기초로 세율을 결정하는 답험손실법(踏驗損失法)으로 인해 백성들이 오랜 기간 힘들고 화나 있는 상태였다. 작황을 임의로 정하는 과정에서 각종 담합과 비리가 발생한 것이다. 그래서 세종은 일종의 정액세제인 공법(貢法)으로 바꾸고 싶어 했다. 1427년(세종 9년)에는 이를 과거시험 문제로 출제하기도 했다.

세종은 1430년(세종 12년), 공법에 대한 본격 논의를 시작하면서 찬반 의사를 백성들에게 직접 물었다. 1430년 3월 5일부터 8월 10

일까지 5개월 동안 세종은 우리 역사상 최초 국민투표를 실시했다. 그 결과 17만2천806명이 투표에 참여했고, 그 결과 98,657명(57%) 이 찬성했지만 74,149명(43%)이 반대했다. 그러나 세종은 3분의 2 가 찬성하지 않았다면서 시행을 미룬 채 더 논의하도록 했다(『세종 실록』 49권, 세종 12년 1430년 8월 10일 '호조에서 공법에 대한 여러 의논을 갖추어 아뢰다').

"…무릇 가하다는 자는 9만8천6백57인이며, 불가하다는 자는 7만4천1백49명입니다(…可者, 凡九萬八千六百五十七人, 否者, 七萬 四千一百四十九人. 命從喜等議)."

『세종실록』 49권, 세종 12년(1430년) 8월 10일*

* 출처: 국가기록원

그리고는 찬성이 많았던 하삼도(下三道: 영남·호남·충청)에서는 각 2현씩 6현에서 시범 실시하도록 했고(1439년, 세종 21년), 그 결과를 토대로 보완하여 논의가 시작된 지 13년 만인 1443년(세종 25년) 11월에 확정시켜 1444년(세종 26년)부터 드디어 전분6등법(田分六等法)·연분9등법(年分九等法)이라는 공법을 시행했다. (『세종실록』 103권, 세종 26년 1444년 1월 10일 '충청·전라·경상도 도순찰사 정인지에게 전품 9등 구분의 의의를 설명하고 백성들의 불만을 없애 줄 것을 유시하다.) 이는 논의 시작 14년 만이다.

그러나 세종은 여기서 또 한 번 신중을 기했다. 곧바로 전국에 실시하지 않은 것이다. 나머지 지역 중에서 세조 때 경기·충청·경상에 그리고 성종 때 황해·강원·평안·함경에 시행됨으로써 검토 시작 후 50년 가까이 되어서야 전국 실시가 이루어졌다(『성종실록』 58권, 성종 6년(1475년) 8월 19일 '강원도는 신묘년(1471년), 평안도(平安道)와 영안도(永安道)는 갑오년(1474년) 수교에 의거 공법을 시행하다'). 이처럼 오랜 기간 원칙을 갖고 일관성 있게 국민과 소통하면서 만들어낸 이 제도는 국민의 신뢰를 얻어 성공할 수밖에 없었다.

이러한 제도는 감세도 가능하게 했고 결과적으로 세수입 또한 증대시켰다. 전분6등법·연분9등법을 통해 1결에 10두의 정액세를 거두는 식으로 세금을 줄였음에도, 세수입은 더욱 늘어나는 성과까지 거두었다. 이전까지는 관리가 직접 논밭을 돌아보면서 수확량을 확인하여 세금을 정하는 방식이어서 지주와 관리 사이에 담합으로 수확량을 터무니없이 작게 신고하는 것이 일반적이었다.

당시 이 새로운 제도 도입이 기득권 세력의 엄청난 반발을 가져왔을 것이라는 점은 쉽게 짐작할 수 있다. 그러나 세종은 흔들리지 않고 이들 기득권 세력의 조직적 저항과 반발을 전문성과 일관성으로 이겨 낸 것이다.

세종의 과학혁명

세종의 국민사랑과 나라사랑의 결정체는 한글창제와 경제 분야를 넘어서 과학, 농업, 국방 등 거의 모든 분야에도 존재한다. 특히 세종의 천재성과 노력은 과학 분야에서 두드러지게 나타난다. 세종이 새롭게 발명한 물건과 제도는 세계사에서도 주목하고 있다. 세계역사에서 인류생활에 기여한 획기적인 과학발명품의 개수가 세종 시대에 단연 최다로 기록되고 있다.

일본의 저명한 『과학사 기술사 사전』은 15세기 과학사 기술에서 흥미로운 비교를 하고 있다. 세종 시대에 세계의 중요 과학기술 업적은 조선이 29건, 명나라가 5건, 일본은 0건이었고, 동아시아 이외는 28건이었다는 것이다.

허성도 교수의 유명한 강연인 〈우리 역사 다시 보기〉에는 우리 역사에서 나타나는 특수성과 우수성을 기록의 정신, 세종의 리더십, 과학적 사실 등을 통해 잘 설명하고 있다.

허성도 교수가 말하는 '우리 역사 다시 보기'*

세종 시대의 과학 수준은 지동설을 주장하고 달력을 만든 이순지의 사례에서 나타난다. 이순지는 지구가 둥글다고 주장하면서 일식의 날짜를 예측할 수 있듯이 월식도 예측할 수 있다고 했고, 『교식추보법(交食推步法)』이라는 책을 써서 일식과 월식을 미리 계산하는 방법을 제시했다. 세종은 그를 약관 29세에 과학정책의 책임자로 임명한 뒤 조선에 맞는 달력을 개발하도록 했다. 이에 1444년 이순지는 당시 가장 정확한 달력이라고 알려진 아라비아의 회

* 출처: KBS News 유튜브, 2013.8.6.

회력(回回曆)의 체제를 몽땅 분석하여 우리만의 달력을 만들었다. 일본학자가 쓴 세계천문학사에는 회회력을 가장 과학적으로 정교하게 분석한 책이 조선의 이순지가 지은 『칠정산외편(七政算外篇)』이라고 나와 있다.

『칠정산외편』 표지*

1447년 세종 29년 음력 8월 1일 오후 4시 50분 27초에 일식이 시작되고 그날 오후 6시 55분 53초에 끝난다고 예측했는데, 이게 정확하게 맞아떨어졌다. 세종은 이 소식이 너무나 반가워서 달력의 이름을 '칠정력'이라고 붙여 줬다. 이것이 그 후 200년간 사용되었다. 1400년대 당시 지역에 맞는 달력을 계산할 수 있고 일식을 예측할 수 있는 나라는 전 세계에 아라비아, 중국 이외에 조선이 있

* 출처: 서울대학교 규장각한국학연구원

게 된 것이다.

앙부일구[*]

세종의 과학발명은 1434년에 설치된 시계 '앙부일구'에서도 주목받는다. 해시계는 15세기에 이미 전 세계적으로 보편화된 시계 유형으로 시각을 주로 보여 주는 용도지만, 세종과 장영실 등이 개발한 앙부일구는 시각과 절기, 방위를 동시에 파악할 수 있도록 설계한 복합형, 사람지향형으로 탈바꿈한 시계다. 또한, 앙부일구는 오목 디자인으로 절기, 방위 기능까지 겸하는 다목적용으로 한자를 모르는 백성들을 위해 동물 그림으로 시각을 표시하기도 했다. 측우기 또한 놀라운 발명품으로 그 실용성이 놀라울 정도다.

　* 출처: 국립고궁박물관

측우기와 측우대[*]

  1441년에 발명되어 1442년에 설치한 측우기는 서양보다 200년 앞서 발명하고 실용화한 것으로 비가 온 양을 정확히 측정할 수 있다. 외관은 단순한 깡통처럼 보이지만 누구나 쉽게 접근할 수 있도록 설계되었다. 실로 세종의 과학혁명은 세계가 놀랄 정도의 창의성과 국민사랑의 산물이라 할 수 있다.

* 출처: 국립고궁박물관

4. 최빈국에서 G20으로!
: 원조받는 나라에서 주는 나라로

나라가 가난하다는 것은 국민이 의·식·주에서 고통을 받는다는 것을 의미한다. 역사적으로 시대 상황과 지도자 역량에 따라, 국가의 운명이 결정되거나 백성들의 생활이 여유로울 수도, 궁핍해져 빈곤으로 굶어 죽을 수도 있었다. 21세기 현재에도 기아에 허덕이는 국가들이 있는 반면, 우리는 배고픔이라는 의미를 이해하지 못하는 국민이 대다수가 될 정도로 기아와 절대빈곤에서 탈출한 나라가 되었다.

하지만 50여 년 전만 해도 우리 국민은 '보릿고개'라는 말에 익숙했고 실제 많은 국민이 배고픔을 겪었다. 보릿고개는 지난해 수확한 양식이 다 떨어지고 당해 농사지은 보리는 아직 수확되지 않고 있는 5~6월 사이 식량이 절대적으로 부족하던 시기를 말하는

것으로 춘궁기라고도 했다. 1960~1970년대만 해도 이러한 보릿고
개에 국민이 겪는 고통이 언론 기사에 실릴 정도였다.

도시락을 싸오지 못하고 몰래 교실 밖을 나가 운동장 한구석에
있는 수돗물로 몰래 허기진 배를 채우는 학생들도 있었고, 미국의
농산물 원조를 받아 만든 옥수수빵을 학교에서 받아오기도 했다.

'원조받던 한국' … 이젠 원조하는 나라로[*]

해방 이후 전쟁을 겪으면서 그야말로 폐허에서 시작한 우리 국
민들의 생활은 너무도 처참했다. 잘 키워 달라는 쪽지 한 장 남긴
채 갓 낳은 아이를 남의 집 대문 앞에 놓고 도망치는 부모도 있었
고, 해외로 입양 보낸 사례도 부지기수였다. 어린아이들이 못 먹어
서 머리에 '버짐'이 생기고, 못 입어서 겨울에 손발이 트고 동상이
걸리기 일쑤였다. 버려지거나 동냥하는 아이들의 사례도 무수히

* 출처: KTV 국민방송, 2018.8.31.

많았다.

　쌀이 부족해서 밀가루 분식을 장려하기도 했고, 학교에서는 도시락 검사를 해서 보리밥 혼식을 하는지 확인하기도 했다. 막걸리도 쌀로 만들지 못하게 할 정도였다. 오늘날처럼 빈부격차의 문제가 아니라 대다수 국민의 빈곤 자체가 문제였던 시절이었다.

분식 장려 표어 광고 포스터*

* 출처: (재)인천중구문화재단 짜장면박물관

G3 대한민국 : K-국부론에서 길을 찾다

혼식, 분식 장려*

　한국전쟁 직후인 1953년, 우리나라는 1인당 국민총소득이 67달러에 불과한 최빈국이었다. 이처럼 대한민국은 원조를 받던 불쌍한 나라에서 50년이 안 된 1996년에 선진국들의 클럽인 OECD 국가가 되고, 1999년에는 G20 국가가 되었다. 그리고 2018년에는 인구 5천만 명 이상의 1인당 국민소득 3만 달러가 넘는 국가를 상징하는 '5030클럽'에 가입된 7개국에 포함되었다. 2006년(2만795달러)에 국민소득 2만 달러를 넘은 지 12년 만에 3만 달러에 진입한 것이다. 미국, 일본, 독일, 프랑스, 영국, 이탈리아에 이어 7번째 국가로 자리 잡은 것이다.

　이처럼 최단기간에 원조를 받던 나라가 원조를 주는 나라가 되었다는 사실에 전 세계가 주목하고 있고, 역사학자, 정치학자 그리고 경제학자들이 관심 있게 보며 연구대상으로 삼고 있기도 하다.

* 출처: 대한뉴스 제635호, 1967.8.11., 한국정책방송원 e영상역사관(www.ehistory.go.kr)

주요국 **국가신용등급** 현황

투자등급	무디스	S&P	피치
AAA (Aaa)	미국, 독일, 캐나다, 호주, 싱가폴	독일, 캐나다, 호주(-), 싱가폴	미국, 독일, 호주, 캐나다, 싱가폴
AA+ (Aa1)		미국, 홍콩	홍콩
AA (Aa2)	한국, 프랑스, 영국, 홍콩	한국, 영국(-), 벨기에, 프랑스	영국(-), 프랑스
AA– (Aa3)	대만, 칠레(-), 벨기에	대만	한국, 대만, 벨기에
A+ (A1)	중국, 일본, 사우디	중국, 일본, 아일랜드, 칠레	중국, 사우디
A (A2)	아일랜드		일본(-), 칠레, 아일랜드
A– (A3)	말레이시아, 멕시코(-)	말레이시아, 사우디	말레이시아
BBB+ (Baa1)	태국	멕시코(-), 태국, 스페인(+)	태국, 스페인(+), 멕시코(-)
BBB (Baa2)	필리핀, 스페인(+) 이탈리아(-)	필리핀	이탈리아
BBB– (Baa3)	인도(+), 인도네시아(+)	인도, 이탈리아, 인도네시아, 포르투갈	인도, 필리핀(+), 인도네시아(+), 러시아(+)

※국가명 뒤 (-)는 부정적, (+)는 긍정적 등급 전망

자료/ 기획재정부   🅥 연합뉴스

김영은 인턴기자 / 20171018 트위터 @yonhap_graphics, 페이스북 tuney.kr/LeYN1

3대 신용평가 기관의 한국 평가[*]

[*] 출처: 연합뉴스, 2017.10.18.

1960년대 국민소득 수준과 정치·경제·사회 상황이 유사했던 필리핀과 비교해서, 너무도 큰 차이를 보이는 이유를 연구하는 학자도 많다. 서울에 장충체육관을 지어 준 나라가 필리핀이었는데, 이제는 가사도우미와 실습공 등으로 많은 필리핀 국민들이 서울에서 일하고 있을 정도이며 우리나라가 호위함 등을 공여하는 역전이 일어난 지 오래다.

이처럼 역사적으로 유례가 없을 정도로 단시간에 엄청난 발전을 이뤄 낸 우리 대한민국이기에, 우리는 어떻게 여기까지 오게 되었나를 냉철히 분석해 봐야 한다. 물론 우리 국민의 힘이 바탕이 되었지만, 지도자의 역량, 기업가 정신, 교육열 등 무엇이 이러한 기적을 이루어 낼 수 있게 했는지를 스스로 밝혀내야 할 때다.

5. 대한민국의 기적
: 산업화·민주화·정보화 대성공

    대한민국의 기적은 1960~1970년대의 산업화, 1980년대 민주화 그리고 1990년대 이후의 정보화까지 연이은 성공을 거두며 이루어졌다. 세계 역사상 그 어떤 나라도 산업화, 민주화, 정보화 중 한 가지도 이처럼 단기간에 이룬 사례가 없었기에 대한민국이 이세 가지를 모두 50년 만에 이루었다는 사실에 세계인들은 감탄하고 있다.

    정치학에서 주요 관심 중 하나는 산업화 혹은 경제성장이 민주화를 유도하는가다. 또한, 경제학에서는 민주화가 경제성장에 어떤 영향을 미치는가가 연구대상이다. 이처럼 정치학과 경제학에서 중요 사례 연구 대상이 되는 나라가 바로 대한민국이다. 이들은 대한민국의 경제성장과 민주화가 어느 것이 어느 것을 이끌어 냈는가 하는 인과관계가 아니라 상호견인 역할을 했다고 해석한다. 전쟁을 겪은 직후 이루어 낸 '압축성장'이라는 경제적 성과와 함께 그 과정에서 억제되었던 민주적 열망이 단시간에 발산하면서 이루어 낸 '압축민주화'는 세계인뿐만 아니라 역사가 놀랄 만한 사건이라 하겠다.

저명한 경제학자인 대런 애쓰모글루와 저명한 정치학자인 제임스 A. 로빈슨이 함께 쓴 『국가는 왜 실패하는가』에서 강조하는 '포용적 경제제도'와 '포용적 정치제도'를 차례로 이행했던 대한민국을 최대의 성공사례로 꼽는 것도 이 때문이다. 그들은 이 책의 한국어판 머리말에서 다음과 같이 결론을 내렸다. "… 한국에서 경제성장이 지속된 것은 1980년대에 경제 성공을 보장하는 포용적 정치제도로 이행했기 때문이다." 그리고 3장 번영과 빈곤의 기원의 '38선의 경제학'에서는 해방 이후 어떻게 남북한이 완연히 다른 운명의 길을 걸었는지를 문화나 지리적 요인으로 설명할 수 없고 '제도'에서 찾아야 한다고 강조했다.

1961년 군사 쿠데타로 집권한 박정희 정부가 정치적 압박 아래서도 경제적으로는 포용적인, 즉 자유화를 가져온 결과 단시간에 경제성장이 가능했다.

정부 주도의 경제개발계획을 추진하면서 철강을 중심으로 중화학공업을 육성하고 우리 특유의 기업가 정신을 발휘하면서 수출 주도 경제성장을 성취했다. 민주화의 과정 또한 1980년대에 자칫 남미식 군사 쿠데타의 연속이라는 위험을 국민의 결집된 민주화 열망으로 극복하면서 이루어 냈다.

정보화는 1990년대 이후 시장이 본격적으로 개방되고 인터넷 시대가 열리면서, 그 어느 국가보다 적극적으로 그리고 광범위하게 추진되었다. 무모한 투자라고 비난받기도 했던 김영삼 정부의 '초고속정보통신망'(일명 광케이블) 구축 사업이 초고속인터넷 시대의 선두주자로 나서는 데 큰 역할을 하게 했고, 우리 국민이 가진 '빨리빨리' 근성이 최고의 정보통신(IT) 국가가 되는 데 결정적으로 기여하기도 했다.

이처럼 정보화의 대성공에는 우리 국민의 성격과 함께 '한글'이 가지는 우수성이 작용하기도 했다. 한글은 음운문자로 어느 문자보다도 정보화시대에 빠르고 정확하게 사용될 수 있다. 이에 대한 자세한 것은 5부 G3로 가는 길의 1장 '한글+IT+한류의 자산'에서 상세히 다뤄질 것이다.

6.   G3의 근거와
가능성

　우리가 눈부신 속도로 성장한 밑바탕에는 산업화·민주화·정보
화의 연이은 성공이 있었다. 하나 덧붙이면 과거 '헬조선'의 부정과
비판을, 발전을 위한 긍정의 힘으로 전환시킨 우리가 갖는 긍정 에
너지 덕분이기도 하다. 그래서 필자는 조금만 더 힘을 내면 G3까지
갈 수 있다고 주장하는 것이다. 우리는 각종 통계와 지표가 나타내
는 대한민국의 현재 위치가 어디쯤인지, 어디까지 올라갈 수 있을
것인지를 살펴볼 필요가 있다.

　수많은 경제지표 중에서 경제수준을 나타내는 것으로 국내총
생산(Gross Domestic Product, GDP)과 일인당 국내총생산이 대표적
이다. 국내총생산은 한 나라의 영역 내에서 가계, 기업, 정부 등 모
든 경제주체가 일정 기간 생산한 재화 및 서비스의 부가가치를 시

장가격으로 평가하여 합산한 것으로, 여기에는 비거주자가 제공한 노동, 자본 등 생산요소에 의하여 창출된 것도 포함되어 있다. 국내 총생산과 같은 생산 측면이 아닌 국민소득을 보다 정확하게 반영하기 위해 나온 경제지표는 국민총소득(Gross National Income, GNI)이다. 국민총소득은 자국민(거주자)이 국외로부터 받은 소득(국외수취요소소득)은 포함되는 반면 국내총생산 중에서 외국인(비거주자)에게 지급한 소득(국외지급요소소득)은 제외된다.

두 가지 핵심 지표를 기초로 우리의 현재 위치를 살펴본 것이 다음 두 가지 표이다. 이를 기준으로 보면, 2021년 현재 우리나라는 GDP와 GNI는 세계 10위, 일인당 GDP와 일인당 GNI는 세계 23~24위를 기록하고 있다. 1974년 오일쇼크 극복을 위해 선진국이 G5를 처음 결성할 당시만 해도 우리는 GDP 기준 세계 30위 수준이었다는 점에서 현재 10위에 올라와 있다는 사실은 놀라움 그 자체이다.

\<GDP와 GNI의 국제비교\>(2021년 당해연가격 기준 달러)[*]

순위	국가	GDP	순위	국가	GNI
1	미국	22조 9,961억	1	미국	23조 3,931억
2	중국	17조 7,340억	2	중국	17조 5,766억
3	일본	4조 9,374억	3	일본	5조 1,246억
4	독일	4조 2,231억	4	독일	4조 3,507억
5	영국	3조 1,868억	5	영국	3조 1,702억
6	인도	3조 1,733억	6	인도	3조 1,239억
7	프랑스	2조 9,374억	7	프랑스	3조 23억
8	이탈리아	2조 998억	8	이탈리아	2조 1,250억
9	캐나다	1조 9,907억	9	캐나다	1조 9,756억
10	**대한민국**	**1조 8,102억**	**10**	**대한민국**	**1조 8,303억**

* 출처 : World Bank 'World Development Index', 통계청 'KOSIS' 등

\<일인당 GDP와 GNI의 국제비교\>(2021년 당해연도가격 기준 달러)[*]

순위	국가	일인당 GDP	순위	국가	일인당 GNI
1	룩셈부르크	13만 5,682.79	1	스위스	9만 360
2	아일랜드	9만 9,152.1	2	노르웨이	8만 4,090
3	스위스	9만 3,457.44	3	아일랜드	7만 4,520
4	노르웨이	8만 9,202.75	4	미국	7만 430
5	싱가포르	7만 2,794	5	덴마크	6만 8,110
6	미국	6만 9,287.54	6	아이슬란드	6만 4,410
7	아이슬란드	6만 8,383.77	7	싱가포르	6만 4,010
8	덴마크	6만 7,803.05	8	스웨덴	5만 8,890
9	스웨덴	6만 238.99	9	오스트레일리아	5만 6,760
10	오스트레일리아	5만 9,934.13	10	네덜란드	5만 6,370
11	네덜란드	5만 8,061	11	홍콩	5만 4,450
12	핀란드	5만 3,982.61	12	핀란드	5만 3,660
13	오스트리아	5만 3,267.93	13	오스트리아	5만 2,210
14	캐나다	5만 2,051.35	14	독일	5만 1,040
15	벨기에	5만 1,767.79	15	벨기에	5만 510
16	이스라엘	5만 1,430.08	16	이스라엘	4만 9,560
17	독일	5만 801.79	17	캐나다	4만 8,310
18	홍콩	4만 9,660.63	18	영국	4만 5,380
19	뉴질랜드	4만 8,801.69	19	뉴질랜드	4만 5,340
20	영국	4만 7,334.36	20	프랑스	4만 3,880
21	프랑스	4만 3,518.54	21	일본	4만 2,620
22	일본	3만 9,285.16	22	이탈리아	3만 5,710
23	이탈리아	3만 5,551.28	**23**	**대한민국**	**3만 4,980**
24	**대한민국**	**3만 4,983.7**	24	대만	3만 3,708
25	대만	3만 3,708	25	몰타	3만 560

* 출처 : World Bank 'World Development Index', 통계청 'KOSIS' 등

이러한 경제지표 이외에도 한 국가의 국력을 비교평가하는 여러 지표가 사용되고 있다. 그중에서 두 가지가 널리 인정받으면서 사용되고 있다. 하나는 US뉴스&월드리포트(USNWR)에서 발표하는 국력순위(most powerful countries)이고, 다른 하나는 레이 달리오(Ray Dalio)의 국력지표이다.

먼저 2022년 12월 31일 미국 랭킹 조사 전문매체 USNWR에서 BAV그룹, 펜실베이니아대 경영대학원(와튼스쿨)과 공동으로 조사해 발표한 '2022년 전 세계 최고의 국가' 순위를 보면, 우리나라는 총 85개국 중에서 6위를 차지했다.[*]

그리고 레이 달리오와 브리지워터 어소시에이츠(Bridgewater Associates) 연구팀에서 『변화하는 세계질서 *Changing World Order*』[**]의 방법론에 따라 매년 발표하고 있는 국력지표에서 우리나라는 2023년 1월 기준으로 24개국 중 6위를 차지했다. 1위를 차지한 미국과 2위인 중국의 국력지표를 비교해 보면 미국은 지표들이 모두 하락 또는 변화가 없는 반면, 중국 지표들은 다수 지표가 상승세를 보이고 있다. 또한, 5위인 일본은 하락세를 보인 반면, 6위인 우리나라는

[*] https://www.usnews.com/news/best-countries/rankings/power

[**] https://www.amazon.com/Changing-World-Order-Nations-Succeed/dp/1982160276

상승세를 보이고 있다. 최근에는 레이 달리오 국력지표 2023년판 이 나왔는데 여전히 우리나라는 24개국 중 6위를 기록하고 있다.

이제 우리의 목표는 어디인가? 2019년에는 인구 5천만 명과 국 민총소득(GNI) 3만 달러를 달성하면서 이른바 '5030클럽'에 세계 7 번째로 가입했다. 그리고 유엔무역개발협의회(UNCTAD)는 2021년 부터 한국을 실질적인 선진국 그룹으로 분류하고 있기도 하다. 그 래서 이제 우리의 목표는 5050클럽(인구 5천만 명, 국민소득 5만 달러 이상)이 아닐까? 사실 5050클럽에는 현재 미국만 있다. 한때 영국이 2007년 한해 가입했다가 내려왔다. 그래서 우리가 만약 5만 달러 를 넘게 되면 미국에 이은 두 번째 5050클럽 가입국가가 되는 것이 다.*

5050클럽 가입이 목표라기보다 궁극적인 목표는 여러 지표를 감안한 종합적인 국력을 나타내는 지표상 명실공히 우리가 경제규 모 면에서나 국민의 생활수준 그리고 소프트파워 면에서 세계 3위 권에 도달하는 것이라 하겠다. 2023년 1월부터 매일경제신문은 우 리가 G5가 될 수 있음을 특집보도한 바 있다. 하지만 우리는 여기 서 더 나아가 G3까지 갈 수 있다는 자신감과 힘이 있다고 믿는다.

* https://www.facebook.com/photo.php?fbid=2660102497362513&set=a.688888247817291 &type=3&theater#)

노동·정치 확 바꾸면… 韓, 2035년 G5 간다

신년기획 가자! G5 경제강국

매경 대국민 설문조사
10명중 7명 "G5진입 가능"
프랑스 잡고 일본도 추격

코로나 팬데믹과 지정학적 갈등이 낳은 전대미문의 복합 위기로 전 세계가 신음하는 가운데 2023년 새해는 대한민국이 G5(Group of Five) 경제강국에 진입하느냐를 판가름할 수 있는 분기점이 될 것으로 보인다. 세제, 정치, 노동, 교육, 행정 등 국가 곳곳 곳곳에서 경쟁력을 갉아먹는 구시대 프레임을 성공적으로 대혁신할 경우 미국, 일본, 독일, 영국, 프랑스 등 현재 G5 경제강국 반열에 올라설 수 있다. 하지만 정치, 사회 갈등과 분열에 발목이 잡혀 4차 산업혁명 시대에 걸맞은 제도 혁신이 지연될 경우 G5 진입 문턱에서 영구적으로 나오될 수 있다는 위기감도 동시에 커지고 있다. ▶관련기사 A4~5면

1일 매일경제가 여론조사업체 보노리서치에 의뢰해 전국 성인 1000명을 대상으로 'G5 도약에 대한 대국민 인식조사'를 실시한 결과, 응답자의 50.7%는 한국이 G5 경제강국으로 도약할 가능성이 높다고 판단했다.

'보통'이라고 응답한 21.9%까지 포함하면 국민 10명 중 7명이 가능성을 긍정적으로 인식했다. 또 G5 도약 시점을 '10년 이내'라고 응답한 비율이 86.6%나 됐다.

매일경제와 한국경제연구원이 G5 도약 시점을 분석한 결과, 12년 뒤인 2035년 한국의 국내총생산(GDP)이 프랑스를 제치고, 2039년에는 일본까지 추월할 가능성이 있는 것으로 나타났다. 현재 연간 1% 수준인 총요소생산성증가율을 향후 10여 년간 대폭 수준(3.6%)으로 개선한다는 조건을 충족할 경우다. 여기에 외국인직접투자(FDI)와 경제활동연구가 G5 평균 수준으로 올라서면 희망은 현실이 된다.

가장 큰 과제는 국가 경쟁력을 갉아먹는 낡은 프레임을 최대한 빨리 털어내고 경제강국 진입을 위한 새로운 혁신 체제를 구축하는 것이다. 설문조사에서 국민들은 정치와 노동시장을 최우선 개혁 과제로 꼽았다.

한국의 G5 경제강국 진입은 막연하게 "희망의 영역"은 아니라고 전문가들은 입을 모은다.

예인호 국민경제자문회의 부의장은 "먼저 노동시장 경직성이 해소돼야 민간 기업들이 경쟁력을 발휘할 수 있는 선순환의 환경이 마련된다"며 "규제 혁신으로 민간이 창의성을 발휘하고, 기업들의 초격차가 확산되면 10년 내 충분히 G5 수준으로 진입할 수 있다"고 밝혔다.

1974년 오일쇼크 극복을 위해 미국 등 선진국이 G5를 처음 결성할 때 세계 30위였던 한국의 GDP 규모는 현재 세계 10위로 수직 상승했다. 2019년에는 인구 5000만 명과 국민총소득(GNI) 3만 달러를 세계 7번째로 달성하며 이른바 '5030클럽'에 가입했다. 유엔무역개발협의회(UNCTAD)는 2021년부터 한국을 실질적인 선진국 그룹으로 분류하고 있다. 임성한 기자

노동·정치 확 바꾸면 … 韓, 2035년 G5 간다*

* 출처: 매일경제, 2023.1.2.

7. 역경을 통해 체득한 위기극복 DNA

역사상 수많은 나라가 위기를 맞아 망하기도 하고 다시 일어나기도 한다. 이러한 위기의 상황에서 그 나라의 국민이 보여 주는 속성은 위기를 극복하는 요인이 되기도 하지만, 한편으로는 국민이 위기의 희생양이 되게 하는 요인으로 작용하기도 한다. 우리 민족의 DNA에는 바로 이러한 '위기극복 속성'이 잠재되어 있는 것 같다.

수많은 외침으로 엄청난 고통을 당하면서도 이를 극복하고자 힘을 합하는 우리 민족의 속성은 주목받기에 충분하다. 역사를 보면 수많은 국가가 침략을 받고 사라져 버리는데, 우리는 이 한반도에서 끈질기게 국민의 힘으로 살아남아 오늘에 이르렀다.

"금 모으기 351만 동참, 지금은 보기 힘든 공동체 의식의 힘"

정병길 전 새마을부녀회장 인터뷰

97년 구제금융 발표 보고 아이디어
1주 사이 가까이 1억8000만원 모금
범국민운동 확산, 2조5000억 모아

어둠 없는 여성들 힘으로 국난 극복
지금 금모으기 다시 하면 어려울 것

전문가 "그런 사회적 자본 사라져
양극화 해소로 시민 응집력 키워야"

"금 모으기 351만 동참, 지금은 보기 힘든 공동체 의식의 힘"

외환위기 당시 대한민국 국민들의 위기극복 DNA가 발휘되었다. 많은 국가가 경제적 위기를 당해 IMF로부터 자금 지원을 받고도 제대로 다시 회복하지 못한 채 쇠퇴의 길을 걸었다. 아르헨티나가 그랬고, 멕시코 등의 나라들이 그러했다. 아르헨티나는 한때 세계 5대 강국에서 쇠락해서 지금에 이르렀고, 산유국의 번영을 뒤로한 채 외환위기로 쇠퇴해 버린 멕시코도 있다. 반면 대한민국은 초

• 출처: 중앙일보, 2017.12.5.

유의 외환위기에도 국민들이 힘을 합하여 '금 모으기' 등과 같은 운동을 펼쳤고, 정치권도 대립하지 않음으로 화합하며 위기를 이겨냈다.

단순히 금을 모아 외환 부족을 해소해서 위기를 극복한 것이 아니다. 위기극복을 향한 단합된 국민의 의지가 기업에게는 그동안의 부채 위주 재무구조를 바꾸는 노력을 하게 했고, 정부에게는 재정건전성을 유지하며 정책을 재점검하는 데 총력을 기울이도록 만든 것이다.

10년 후 닥친 글로벌 금융위기 역시 우리는 거뜬하게 국민의 힘으로 이겨냈다. 냄비근성이라며 비난의 대상이 되기도 하지만, 어쩌면 이러한 순간적인 결집력이 위기를 극복하는 데 힘이 되었을지도 모른다. 진흙에 빠진 자동차를 순간적인 힘을 모아 밀어서 벗어나게 하는 것과 같은 우리 국민의 결집능력이 작용한 것이다. 부정적인 우리 국민의 DNA조차 대한민국을 위기에서 벗어나게 하고 또 발전시키는 원동력이 될 수 있음을 증명하고 있다.

6.29에서 촛불까지

우리 국민들이 가진 '순간 결집력'은 '냄비근성'이라는 부정적인 속성도 있지만, '결정적 분기점'에서 늘 큰 힘으로 작용했다. 10.26 사건으로 생겨난 민주화로 향한 열망이 12.12 그리고 광주 항쟁의 유발로 식어 버리는 아픔도 있었지만, 다시 살아나서 '넥타이 부대'로까지 확산되면서 6.29선언을 끌어냈다. 1987년 6월 항쟁 직후인 6월 29일에 민주정의당 대표인 노태우가 직선제 개헌요구를 받아들여 발표한 특별 선언이다.

전두환 대통령 민주화 선언 발표[*]

학생들의 희생이 따르기는 했지만, 중산층까지 가세하여 국민적인 갈망이 된 직선제를 중심으로 민주화가 멋지게 성취되면서 군사독재의 남은 불씨가 꺼지게 되었다. 군사 쿠데타의 반복으로 인한 독재의 만연화 그리고 정치적 후진성을 보여 준 남미의 사례를 보면, 군사독재를 우리처럼 국민의 힘으로 막아 내는 것은 엄청나게 힘들다는 것을 알 수 있다. 이렇게 우리 국민의 결집력은 '포

* 출처: 대한뉴스 제1651호, 1987.7.1., 한국정책방송원 e영상역사관(www.ehistory.go.kr)

용적 경제'에 이어서 '포용적 정치'를 이룩함으로써 전 세계와 역사가 놀랄 만한 발전을 가져온 것이었다.

하지만 이러한 우리 국민의 성취도 늘 짧게는 실망의 과정을 거친 뒤 성공을 이루곤 했다. 국민들이 가져다준 국가적 기회를 정치인들의 욕심과 이해집단의 이기적 행태로 잠시 놓쳐버리는 과정이 있었다. 6.29 이후 우리에게 찾아온 진정한 민주화의 완성 기회는 민주세력들의 분열로 5년간 미룰 수밖에 없었다. 민주화를 가져올 것으로 기대했던 김영삼과 김대중이라는 두 정치인의 분열이 노태우라는 군부세력의 집권을 가능하게 한 것이다. 비록 군사독재가 계속 이어지진 않았지만, 민주화 이행과정에서 나타난 부작용을 조금 더 연장했다고 할 수 있겠다.

6.29에 이어서 우리 국민의 결집력을 보여 준 것은 '촛불'이라고 할 수 있다. 촛불을 통해 대통령 탄핵까지 끌어낸 것은 새로운 사건이었다. 그러나 이로부터 극단적인 진영 간 대립으로 이어졌고 촛불의 진정성에 대한 회의가 커지고 있다.

'포퓰리즘'과 '분열정치'라는 부작용의 과정이 이어지면서 국민의 결집력이 가져온 기회를 놓칠 수 있는 위기가 생기고 있다. 이 과정 역시 우리 국민들이 가진 결집력과 함께 복원 능력, 혹은 균형감을 발휘해서 포용과 미래지향 비전을 가져야 할 때다. 이것이 가능하다면, G3로 향하는 여정이 쉬워지고 빨라질 것이다.

2부

헬조선의
긍정적 힘

1. 냄비근성이
IT 강국으로

'헬조선'이라는 단어가 생겨났다. 우리 국민 스스로가 우리 국민이나 국가를 비하하는 의미의 단어다. 과거에도 '우리는 안 돼', '우리는 늘 흩어지는 모래알 같아' 등 우리 국가가 발전할 수 없음을 한탄하는 말들이 쓰이곤 했다.

2019년 한국여성정책연구원이 성인남녀 5,000명을 상대로 조사한 '세대별, 성별 한국 사회에 대한 비관적 인식'에 따르면, 전체 응답자 중 약 70%가 한국을 떠나기를 희망하는 '탈조선'(68.6%), '헬조선'(69.7%)에 공감하고 있는 것으로 나타났다. 특히 청년세대의 경우 '탈조선'은 75.4%, '헬조선'은 80.7%로 한국사회에 더욱더 비판적이었다. (『청년 관점의 젠더갈등 진단과 포용 국가를 위한 정책 대응 방안 연구: 공정 인식에 대한 젠더 분석』, 108p)

한국 갤럽이 2001년과 2012년 10년 간격으로 조사한 결과를 보면, '다시 태어난다면, 한국에서'라고 답변한 비율이 10년간 변함없이 50% 수준에 머물고 있다는 사실에서 우리 국민들이 국가에 대해 갖는 부정적인 인식은 강하다고 할 수 있다.

우리가 가 보고 또 알고 있는 다른 나라들의 국민들은 이처럼 스스로 비하하는 행태가 잘 드러나지 않는다. 그들은 그저 자신들의 삶을 살 뿐, 자신들의 조직이나 국가의 발전에 대해서는 무관심하다. 우리처럼 아주 조그만 국가적 이슈에도 욕하고 서로 치열하게 싸우는 경우를 보기 힘들다. 노동운동하면서 깃발을 들고 머리에 띠를 두르는 경우나 촛불을 들고 광장에 모여 외치는 광경도 보기 힘들다.

우리 국민의 욕하고 싸우는 근성은 IT 강국으로 가면서 더욱 발휘되고 있다. 사이버 세계에서는 댓글을 통해 엄청난 양과 속도로 의사 표출이 가능하기 때문이다. 물론 우리의 냄비근성이라는 또 다른 속성이 이러한 관심들을 오래 이끌어 가지는 못하게 한다. 이슈에 따라 쏠림 현상이 나타나고, 또 이것들의 부작용이 나타나기도 한다. 하지만 이러한 문제에도 불구하고 이로 인해 우리가 얻은 것도 많고, 또 이것이 힘이 되어 발전한 것도 사실이다. '빨리빨리' 그리고 '냄비근성'이 대한민국이 IT 강국으로 세계를 주도할 수 있는 기초가 된 것이다.

빨리빨리 문화[*]

영국 BBC방송은 2018년 7월 9일 〈못 말리는 조급한 취향(South Korea's unstoppable taste for haste)〉이라는 제목으로 한국의 '빨리빨리 문화'를 소개하기도 했다. 이러한 한국의 빨리빨리 문화는 외국인들에게 놀라운 현상으로 비치기도 하지만, 이는 한국의 정보화가 세계를 주도해 나가는 원동력이 되고 있기도 하다. 그래서 빨리빨리 문화에 놀라워했던 외국인들도 한국 생활에 익숙해지면서 오히려 이 문화에 빠져들어 찬사를 보내기까지 한다.

* 출처: 세계일보, 2019.5.23.

한편, 냄비근성은 '쉽게 달아올랐다가 쉽게 식어 버리는 성질'을 말하는 것인데, 이는 한국인이 가진 부정적 성향 중의 하나로 인식되고 있다. 하지만 이러한 냄비근성조차도 빨리빨리 문화와 아우러지며 긍정적인 힘을 발휘하기도 한다는 해석 또한 가능하다.

냄비근성 vs 나시쿠즈시*

* 출처: 한국일보, 2019.8.2.

초고속인터넷망을 기초로 세계 어느 국가, 어느 국민보다도 빨리 이슈에 대한 반응을 보이고, 또 여론을 몰아간다. 이와 같은 사이버 공간에서의 속도와 집단의 힘은 대한민국 국민, 즉 네티즌이 언제나 다른 나라 국민들보다 앞서 나가게 한다. K-Pop 등 한류가 세계 속에 퍼져 나가는 과정에도 우리 국민의 사이버 공간에서의 힘이 작용한다. 우리가 가진 헬조선과 같은 부정의 아이콘조차 우리는 긍정의 동력, 나아가 발전의 재료가 되는 것이다.

2. 승부근성이 스포츠 강국으로

스포츠에 대한 국민의 관심과 열정은 어느 나라건 같다고 할 수 있다. 그러나 대한민국 국민에게 스포츠는 유달리 다가온다. 냄비 근성과 쏠림 같은 부정적인 국민성향도 스포츠에 나타나긴 하지만, 결과적으로는 다른 국가의 국민들과는 차원이 다른 근성과 능력을 보여 준다.

그것도 최근 20년간 배출한 스포츠 스타들과 스포츠에 대한 국민열정을 보면 전 세계가 놀랄 만하다. 박세리에서 시작된 세계 여자 골프계에서의 한국 돌풍, 여자 양궁에서 보여 주는 독보적 실력, 피겨 스케이팅 역사를 새로 쓴 김연아에 이르기까지, 세계 스포츠에서 대한민국 여성이 보여 준 능력은 감탄을 자아낼 만하다.

1988년 "한국 여자도 골프 치나" 지금은 "US오픈은 한국인대회"

한국 선수의 미국여자 프로골프(LPGA) 투어 통산 200승은 LPGA 투어 최고의 선수 고진영(26), LPGA 투어 타이틀을 노리는 한국여자프로골프(KLPGA) 투어 스타 임희정(21)이 연이어 역전을 거듭한 명승부로 장식됐다.

고진영과 임희정이 치열하게 맞붙은 LPGA 투어 BMW 레이디스 챔피언십(총상금 200만달러) 연장전은 24일 부산 LPGA 인터내셔널(파72·6789야드) 18번 홀(564)에서 열렸다. 고진영이 끝까지 200야드를 남겨놓고 친 두 번째 샷이 그린에 떨어진 뒤 굴러 홀 1m도 되지 않는 지점에 멈춰 서자, 대회 관계자들이 완성을 터뜨렸다. 고진영이 한국 선수의 LPGA 투어 통산 200승과 세계 랭킹 1위 탈환을 사실상 확정지은 순간이었다.

3라운드까지 임희정에게 4타 뒤진 2위 고진영은 이날 버디만 8개 잡아내 임희정과 나란히 최종 22언더파 266타를 기록을, 결국 연장전을 바다로 200승 드라마를 완성했다. 1988년 구옥희를 시작으로 33년간 48번이 함축된 환희와 눈물의 드라마였다. 2012년 유소연(31)이 100승을 기록할 때까지 24년 걸렸다. 200승까지는 9년밖에 걸리지 않았다.

1997·1998·1999·2000번째 우승을 책임진 고진영은 "마침 한국에서 열린 대회에서 200승의 주인공이 될 수 있다는 게 너무 큰 영광이자 행운"이라고 했다.

◇개척자 구옥희와 25승 전설 박세리

구옥희(1956~2013) 전 (前) KLPGA 회장은 1988년 3월 LPGA 투어 스탠더드 레지스터 대회에서 우승하며 10년 먼저 시작됐던 "LPGA의 코리안 파워"를 예고했다. 당시 미국 기자들이 구옥희에게 다가와 "한국 여자들도 골프 치는냐"고 물을 정도로 한국 여자 골프는 세계 무대에서 철저한 '무명(無名)'이던 시절이었다. 일본에서 활약하던 고우순(57)이 1990년대 일본에서 열린 LPGA 투어 대회에서 한국 선수 2·3승째를 올렸다.

구옥희는 한국 여자 골프의 개척자를 상징하는 인물이었다. 고양시의 한 골프장에서 캐디로 일하던 그는 1978년 창설된 한국프로골프협회(KPGA) 여자 프로테스트를 통해 정준자·안종현·한명현 등과 함께 한국 여자 프로골퍼 1호가 됐다. 손님에게 빌린 골프채를 들고 밸에 맞지 않는 골프화를 빌려 신은 채 나간 테스트였다. 구옥희는 한국 선수 100승 소식을 들었을 때 "제가 한국 여자 골프의 첫걸음을 떼었다"며 "세리 키즈라고 불리는 후배들은 그 못지않은 스타로 성장했다"고 기뻐했었다.

◇박세리와 세리 키즈가 이뤄낸 위조

'골프 여제' 박세리(44)는 LPGA투어에서 25차례 정상에 오르며 한국 여자 프로골프의 아이콘이 됐다. IMF 위기가 대한민국을 뒤흔들던 1998년 LPGA 투어에 데뷔한 박세리는 첫 우승을 그해 5월 메이저인 대회인 맥도널드 LPGA 챔피언십에서 달성했다. 첫 한국인 메이저 우승이었다. 그해 7월 박세리가 연장 접전 끝에 이룬 US여자오픈 샘 펌프 맨발 투혼은 한국 여자 골프의 상징적인 장면이 됐다. 그 장면을 보고 골프의 꿈을 키운 '세리 키즈'가 한국 여자 골프의 신화를 더욱 풍성하게 만들었다. 미국 골프 채널의 모리스(26)는 "한국 선수들은 꼭 한 명의 선수처럼 열심히 훈련하고 끝까지 물고 늘어진다"고 평하며, 그의 발제럼 "사우스 코리안"이란 이름의 한국 선수들은 끊임없이 이 우승컵을 높이 올렸다. 미국 권위지 뉴욕타임스는 "한국 선수들이 지배하는 US여자오픈은 US 사우스 코리안 오픈이라 불리어야 할 것 같다"고 했다.

세리 키즈의 선두 주자 박인비(33)는 4대 메이저 대회 우승과 2016년 리우데자네이루 올림픽에서 112년 만에 정식 종목으로 복귀한 골프 금메달을 목에 걸며 골프 선수로는 유일하게 골든 슬램(커리어 그랜드슬램+올림픽 우승)의 주인공이 됐다.

◇고진영, 4개월 만에 다시 세계 1위로

고진영은 최근 2개 대회 연속 우승으로 올 시즌 LPGA 투어 승수 최다인 4승을 달성했고, 현재 일본 투어에서 활약 중인 신지애(33)와 함께 한국 선수 중 통산 네 번째로 LPGA 투어 우승을 많이 한 선수(통산 11승)가 됐다. 또 이번 대회의 1승만으로 넬리 코르다(23·미국)를 밀어내고 4개월 만에 고진영은 올 시즌의 선수 랭킹에서도 코르다(161점)를 제치고 1위(176점)에 올라섰다. 고진영은 "(임희정)이 미국 진출하기를 나도 진심으로 바란다. 최정상으로 데려가게 됐다"고 했다.

"올해 초 할머니가 돌아가셨는데 코로나 상황과 대회 준비 때문에 한국에 가지 못하고 골프에 대해 회의감이 들고 힘들었다"는 그는 "지난 8월 도쿄올림픽 이후 한 달은 연습장과 헬스장만 오가며 주니어 시절처럼 훈련했다"고 했다. "주니어 시절엔 '오늘 이렇게 연습하다가 죽겠구나' 할 정도로 연습을 적도 있다. 프로가 되어서도 계속 발전하려면 주니어 선수의 마음가짐이 필요할 때가 있어야"

한국 여자골프 LPGA 200승까지
1988년 구옥희, 1998년 박세리
첫 100승까지 24년 걸렸지만
200승은 9년만에 초고속 달성
美 골프 코르다 "한국 선수들은 그린에서 끝까지 물고 늘어진다"
고진영은 세계 1위 탈환, 개인 11승
올해의 선수 랭킹도 선두로 나서

국가별 미LPGA 투어 우승 횟수

	통산 승수	최다승 선수
1위 미국	1527승	195명
2위 한국	200승	48명
3위 스웨덴	118승	12명
4위 호주	85승	11명
5위 일본	51승	15명

한국 여자 골프, 미LPGA 투어 200승까지

33년	걸린 기간
48명	우승한 선수
34승	메이저 대회 우승(1998)
5명	세계 랭킹 1위 올랐던 선수(신지애·박인비 외 유소연·박성현 고진영)
25승	통산 최다승 (박세리)
4회	올해의 선수상 받은 시즌 수
13승	신인왕 배출 시즌 수

민학수 기자, 부산=최수현 기자

1988년 "한국 여자도 골프 치나" 지금은 "US오픈은 한국인대회"*

• 출처: 조선일보, 2021.10.25.

이는 세계적으로 경쟁력 있는 선수 배출이 꾸준히 이어지고 있
다는 점에서 단순한 우연으로 치기는 힘들 것이다. 우리가 가지고
있는 역량이 근본적으로 발휘되고 있음이 분명하다고 하겠다. 박
세리의 성공을 본 어린이가 뒤를 이어 박세리 키드가 되어 세계 스
타가 되듯이, 스포츠계 신화는 체계화되어 지금까지도 이어지고
있다.

엘리트 체육이라는 선수 양성을 국가가 주도해 온 것도 작용했
지만, 올림픽에서 보여 주는 스포츠 스타의 배출과 대한민국 선수
들의 성과는 인구 대비 탁월하다고 할 수 있다. 일본의 야구팀 숫자
에 비하면 보잘것없이 적은 우리의 팀과 선수 군에서 배출한 스타
의 숫자와 빈도수를 보면, 대한민국 국민만이 가진 우수한 운동신
경 유전자가 분명 있는 듯하다.

이러한 스포츠 강국으로서의 위상은 우리의 뛰어난 체력과 운
동신경 못지않게 승부근성이라는 정신적 힘이 역할을 했다고 하겠
다. 부모가 대대로 보여 주는 강한 교육열이 스포츠, 음악 등의 분
야에서도 탁월한 성과로 나타났다. 그리고 대한민국 국민들이 보
여 주는 응원문화 또한 스포츠 강국으로서 세계를 주도하고 부러
움을 사기도 한다. 2002년 월드컵에서 보여 준 광장응원문화와 프
로야구에서의 막대풍선 응원은 이제 전 세계인에게 익숙한 응원문

화의 단면이 되어 있다. 이러한 막대풍선 응원은 우리가 최초로 만든 것 중 하나로 알려졌다.

　일본, 중국, 미국 등 인구가 많고 스포츠 역량이 뛰어난 대표적인 국가의 국민들도 대한민국의 스포츠 스타 배출 그리고 스포츠 열정을 부러워하며 배우려 할 정도다.

3. 눌러앉아 살고 싶은 나라

19세기 후반과 20세기 초반, 대한민국이 세계에 모습을 드러냈을 당시, 서방국가들은 갖고 있었지만 우리는 그 존재조차도 몰랐던 것들이 많았다. 기차, 전화, 자동차 등 새로운 문명의 도구들이 바로 그것으로, 처음 우리에게 소개되었을 때 놀라움과 부러움의 대상이었다.

그 당시의 대한민국을 경험한 외국인들에게는 우리 국민 그리고 우리나라가 그저 뒤떨어져 있고 불쌍한 나라라는 느낌뿐이었다. 악취에서부터 남루한 옷, 그리고 음식 등 외국인에게는 그저 혐오를 느낄 만한 환경이었을 것이다. 그런데 100년이 지난 지금, 우리 대한민국만 가지고 있는 많은 것을 세계인이 부러워하고, 또 좋아하고 있다.

기적 같은 경제발전과 문화융성의 덕분이겠지만, 이런 경제력과 문화력과 함께 100년도 더 전부터 갖고 있었으나 빛을 보지 못했던 우리의 어떤 점들이 융합되었기에 가능했을 것이다. 빠르고 깨끗하며 안전하고 편리한 지하철, 언제 어디서나 팍팍 터지는 와이파이와 세계에서 제일 빠른 초고속인터넷, 24시간 어느 곳이나 배송해 주는 배송서비스, 특히 모든 음식을 배달하는 음식배달서비스 등 우리만 가진, 세계인의 부러움 대상이 되는 것들이 많다.

그래서 대한민국 생활을 한 번이라도 해 본 외국인의 상당수가 그냥 눌러앉고 싶을 정도라 평한다. 이처럼 우리만 가지고 있는 것들에 우리 특유의 친절함까지 보태지면서, 세계 속의 대한민국은 살고 싶은 나라, 함께하고 싶은 친구가 되었다.

한국에 온 외국인들이 감탄하는 BEST 5

1. **음식: 맛있고, 빠르고, 다양하고**
2. **생활의 편리함: 배달, 대중교통**
3. **안전: 치안**
4. **인터넷: 온라인 쇼핑**
5. **공공서비스**

100년 전, 기차, 전화, 자동차를 가지지 못해 뒤처져 있던 우리는 이제 지하철, 인터넷, 배달 등으로 세계인을 매혹하고 있다. 우리 국민들이 가지고 있는 빨리빨리 근성과 오지랖이 넓다고 오해받을 정도의 친절함 등이 어우러진 대한민국 국민성이 오늘 그리고 내일의 대한민국에 힘이 되고 있다. 베이컨으로 혹은 족발로 먹는 돼지고기인데도, 우리는 미국, 독일과는 달리 삼겹살로 또 우리 특유의 족발로 색다르게 요리하고, 또 상추, 깻잎 등으로 싸 먹음으로 맛과 건강의 지혜까지 더한 우리의 음식문화에도 세계인들은 한껏 빠져들고 있다.

4. 한국의 맛
: 다양한 욕구가 만들어 낸 K-Food

생선으로 요리하는 가짓수가 얼마나 될까? 인류는 오랜 시간 동안 물고기를 잡아서 식량으로 삼았고 수많은 방법으로 요리해서 먹었다. 불을 발견한 이래로는 본격적으로 요리를 해서 먹었을 건데, 요리를 전문으로 하지 않는 보통 사람 중에 한국인이 생선 요리법을 가장 많이 아는 민족이 아닐까 싶다.

바로 잡아서 그대로 먹는 회에서부터 찌개에 이르기까지 어떤 국가, 국민보다 생선요리 방법이 많을 거다. 회도 그냥 회뿐만 아니라 홍어회같이 삭혀서 먹는 회, 살짝 데쳐 먹는 숙회, 포를 떠서 계란, 밀가루 등을 입혀서 구워 먹는 전, 기름에 튀겨 먹는 튀김, 말려서 먹는 포… 심지어 황태처럼 말려서 포로 만든 뒤 다시 전으로 찌개로 국으로 요리하기도 한다. 간장 등 양념으로 조려서 먹는 조림이나 숙성시킨 뒤 먹는 젓갈도 있다. 회만 해도 회덮밥에 물회 그리고 식혜(가자미) 등에 이르기까지 요리 후 먹는 방법도 다양하다.

반면, 서양의 생선요리는 지극히 간단하다. 대표적인 것이 피시 앤드 칩스(Fish and Chips)로 생선포를 떠서 튀긴 것을 과자와 먹는 요리 법이 있다. 생선요리가 많을 것 같은 중국도 마찬가지다. 생선을 굽거나 찌는 방법 이외에 생선의 형질을 변형시키는 요리법이 거의 없다. 한국인이 삭히거나 졸이거나 숙성시키는 등의 방법으로 생선의 형질 자체를 변화시켜 전혀 새로운 맛을 창출하는 것은 지극히 예외적이다.

또 하나의 흥미로운 사실은 전 세계에서 우리나라가 소고기를 가장 세분화해서 먹는다는 사실이다. 영국이나 프랑스의 경우 35개 부위 정도를 먹는 반면 우리는 120개 부위를 먹는다고 한다. 우리 옛말에도 일두백미(一頭百味)라고 소 한 마리에서 100가지 맛이 난다는 말이 있을 정도다.*

최근 출간된 홍승면의 『미식가의 수첩』은 우리 한식의 실로 다양한 레시피들과 역사를 재미있게 설명하고 있다. 한 가지만 예를

* https://naver.me/GbU8M4dx

들면 해삼과 관련된 한·중·일의 비교이다.

"『동국여지승람』이나 『세종실록』 지리지나 해삼의 고장으로 경상도를 꼽고 있다. (중략) 세계에서 해삼을 먹는 민족의 수는 결코 많지가 않은 것 같다. 우리나라와 중국과 일본에서는 많이 먹는데 그 밖의 나라에서는 별로 해삼을 먹는 것 같지가 않다. 중국에서도 날로는 잘 안 먹고 딱딱하게 말린 것을 부드럽게 불려서 요리해 먹는다. 한편, 일본에서는 날로는 잘 먹지만 말린 것을 불려서 먹는 식습관은 별로 없다. 날로도 잘 먹고 말린 것을 불려서 먹기도 하는 것은 우리나라뿐이다." (「삼(蔘) 대접을 하는 해삼(海蔘), 약효는?」, 443p)

이처럼 한국인이 해산물이나 육류를 갖고 개발해 낸 다양한 요리 방법을 보면 오늘날 K-Food가 왜 세계적으로 인기 있는지 알 수 있다. 돼지고기로도 삼겹살에서부터 족발, 보쌈에 그리고 김치와 함께한 두루치기 등 수많은 요리법이 사랑을 받고 있다. 심지어 미군기지 주변에서 소시지 등 재료를 구해 개발한 부대찌개도 인기를 얻고 있다. 치킨도 미국인을 중심으로 하는 서양인에게 오랜 기간 익숙하던 튀김에서 한국인이 양념치킨, 간장치킨, 올리브치킨 등으로 발전시키기도 했다.

'치킨도 과학' … 튀김유 신선도·조각 수까지 철저 관리

업체들, R&D 투자 강화

교촌치킨, 조각수 21개로 유지
튀김유 산가 2.5이하로만 고집

제네시스 비비큐, 치킨대학 운영
철단 강의실·조리실습장 갖춰

굽네치킨 24조각, 조리 최적화
195도서 2번 구워내 세균 없애

'치킨도 과학' 튀김유 신선도 조각 수까지 철저 관리*

또한, 올리브유로 튀기기도 하고 훈제로 요리하기도 하는 등 무궁무진하다. 한국인은 피자에도 다양하고 새로운 요리법을 개발해 냈고 한국의 고유 간식인 떡볶이는 이제 세계인의 관심을 받고 있다.

* 출처: 문화일보, 2021.7.5.

"피자 우습게 보는 이탈리아 요리사들 대신 시작… 본고장 대회서 우승까지 3년 걸렸죠"*

수출 대박 '국물 떡볶이'**

한국인의 음식 그리고 맛에 대한 창의력과 관심은 오늘의 K-Food 열기를 끌어냈고, 앞으로도 한식에 대한 세계인의 관심과 사랑은 더욱 깊어질 것이다. 건강에 좋다는 점까지 더해서 말이다.

* 출처: 조선일보, 2019.10.26.

** 출처: MBC NEWS 유튜브, 2021.5.5.

5.　한국의 재미
: 엔터 강국과 K-Jam

　　싸이의 〈강남스타일〉과 BTS에 이르기까지 한류가 ICT를 매개로 순식간에 유튜브 조회수 등 세계적인 기록을 세운 것은 결코 우연이 아니다. 우리가 갖고 있던 우수한 문화적 DNA가 정보화 시대를 흡수하면서 최단 시간 최대 전파력을 갖게 된 것이다. 우리 속에 내재된 '흥'이라는 속성이 세계인에 통한 것이기도 하다.

　　2016년 6월 2일 파리에서는 〈아리랑 메들리〉가 K-Pop으로 편곡되어 처음 선보였다. BTS가 중심이 된 한류스타들이 보여 준 이 공연의 영상은 엄청난 인기를 얻으며 세계 각국으로 전파되었다. 우리의 여러 지방의 아리랑을 메들리로 하여 오케스트라 연주로 그리고 K-Pop 스타의 공연으로 만들어 보자는 아이디어가 통한 것이다. 현재 이 파리 아리랑 초연은 유튜브 조회수 1,300만 회에

달하고 있다. BTS의 아리랑 노래와 춤 따라 하기가 유행하기도 했을 정도다.

KCON 2016 France M COUNTDOWN 아리랑 연곡*

K팝에 열광한 파리의 밤… 유럽 소녀팬 함성에 공연장 떠나갈 듯**

샤이니, 방탄소년단, FT아일랜드, 블락비 등 한류 스타 출연
프랑스 국빈방문 박근혜 대통령도 관람

(파리=연합뉴스) 박성진 특파원 = 유럽의 문화 중심인 프랑스 파리에서 열린 K팝 콘서트에 유럽 소녀팬들이 열광했다.

2일 저녁(현지 시간) 한류 인기 가수들의 콘서트가 열린 파리 아코르 호텔 아레나. 1만 명이 넘는 유럽 각지에서 온 10~20대 여성 팬들은 이날 저녁 8시부터 11시까지 세 시간 동안 겅충겅충 뛰며 한국에서 온 가수들에 함성을 지르고 노래를 따라 불렀다. CJ E&M이 개최한 이 행사에는 샤이니, 방탄소년단, FT 아일랜드, 블락비, 에프엑스, 아이오아이 등 최근 한류를 이끄는 인기 그룹이 총출동했다.

* CJ ENM Mnet K-Pop, 2016.6.2.
** 출처: 연합뉴스, 2016.6.3.

프랑스를 국빈 방문한 박근혜 대통령이 관객석에서 유럽 한류 팬에게 손을 흔들어 인사하는 것을 시작으로 공연의 막이 올랐다. 한불 수교 130주년을 기념해 마련된 이 행사에서 출연진 모두는 K팝 버전의 '아리랑 연곡'을 각자의 색깔대로 부르며 시작을 알렸다. K팝 리듬으로 색다르게 바뀐 아리랑을 부르기 위해 가수들이 차례로 무대에 등장하자 객석을 가득 메운 관객들은 그룹명을 소리쳐 부르거나 함성으로 반겼다.

팬들은 공연 시작과 함께 자리에서 일어나고 나서 세 시간 동안 춤을 추며 목이 쉴 때까지 노래를 따라 부르고 함성을 질렀다. 2층까지 빼곡히 들어찬 관객석에서 팬들은 태극기와 함께 '샤이니 8주년 축하해요', '최고 엠씨 이특 보고 싶었어요' 등 자신이 좋아하는 스타를 반기는 내용을 적은 종이를 흔들었다. 또 요즘 유럽에서 인기가 높은 방탄소년단의 한자(防彈少年團) 그룹명이나 영어 이니셜 'BTS(Bangtan Boys)' 등이 적힌 검정 티셔츠를 맞춰 입은 소녀들도 눈에 많이 띄었다.

처음으로 무대에 오른 7인조 남성 그룹 블락비는 파리의 주요 관광지인 에펠탑, 루브르박물관, 노트르담 대성당을 배경으로 찍은 깜짝 뮤직비디오를 선보여 프랑스 팬들의 마음을 사로잡았다. 'Toy(토이)', 'HER(허)', 'Very Good(베리굿)' 등을 차례대로 부르자 팬들은 춤뿐 아니라 한글 가사도 정확한 발음으로 소화하며 가수와 한몸이 돼 몸을 흔들었다. 걸그룹 에프엑스의 〈Hot Summer(핫 서머)〉에서는 후렴구 '핫 핫 서머, 너무 더위'에 중독된 듯 '떼창' 하며 손부채로 얼굴을 식히는 가수의 동작도 따라 했다.

무대에 선 모든 가수의 얼굴에는 비가 오듯 땀이 흘러내렸으며 이런 얼굴이 무대 옆 대형 스크린에 나올 때마다 팬들은 귀가 먹먹해질 정도로 큰 함성을 질렀다. 이에 가수들은 더욱 힘을 내 한 치의 흐트러짐도 없는 '칼군무'로 유럽 팬들의 마음을 훔쳤다.

독일 쾰른에서 4명의 친구와 함께 콘서트를 찾은 대학생 알렉스 르프데시트(17·남) 군은 "한국 그룹은 노래와 춤이 완벽하다"면서 "또 서양 가수들보다 더욱 많이 노력하는 모습이 인상적이어서 좋아하게 됐다"고 말했다. 3시간 공연 동안 제자리에서 뛰고 소리치느라 탈진한 팬들이 속출했고 의료진이 이들을 공연장 밖으로 데리고 나가는 장면도 자주 목격됐다. 이날 무대에 오른 모든 출연 가수들은 모두 간단하게나마 프랑스어로 이야기하며 관객들과 교감의 폭을 넓혔다. 오스트리아에서 왔다는 빈대 학생 마리 케로(20·여) 씨는 공연 뒤 "샤이니 팬인데 인터넷으로만 보다가 오늘 직접 만나니 아주 기뻤다"면서 "울 뻔했다"고 흥분을 가라앉히지 못했다. 또 프랑스 스트라스부르에서 올라온 대학생 폴린(19·여) 양도 "방탄소년단 팬인데 너무 멋있었다"며 "공연을 보고 만족했느냐"는 질문에 "만족한 정도가 아니라 죽을 정도로 좋았다"며 환하게 웃었다.

지난 4월 발매된 콘서트 입장권은 3시간 만에 1만 석이 매진되고 추가로 마련된 2천 500석도 1시간 만에 모두 팔렸다. 입장권을 프랑스 외에 영국, 네덜란드, 독일, 스페인, 벨기에 등에서도 구입했다.

SM 엔터테인먼트 소속 가수들의 합동 공연인 'SM타운 라이브(SMTOWN LIVE)'가 2011년 6월 파리에서 열리고서 만 5년 만에 개최된 대규모 K팝 콘서트이기 때문인지 현장에는 프랑스뿐 아니라 유럽 여러 나라에서 온 팬들이 많이 눈에 띄었다. 스페인 국기를 든 팬이 있는가 하면 독일, 영국, 오스트리아 등 유럽 각국 젊은 여성들이 공연을 보고자 파리를 찾아왔다. 자신이 좋아하는 스타를 조금이라도 가까이서 보려고 무대 바로 앞에 서서 응원하는 스탠딩석 표를 구입한 팬들은 공연장 앞에서 노숙도 불사했다.

이날 가장 먼저 공연장에 입장한 파리 디드로대 올리비아 아네트(20·여) 씨는 "이틀 전 저녁에 와서 텐트를 치고 생활했다"면서 "블랙비, 아이오아이, 에프엑스를 볼 수 있다면 이 정도 고생은 문제가 아니다"라고 말했다. 비가 오락가락하고 바람이 부는 쌀쌀한 날씨인데도 관객들은 공연 시작 4~5시간 전부터 공연장 주변에 긴 줄을 늘어선 채 스마트폰으로 K팝 그룹의 노래를 들으면서 따라 불렀다.

이날 유럽 최초로 열린 'K콘(Con) 2016 프랑스'는 CJ그룹이 한류 확산을 위해 매년 미국, 일본 등에서 개최하는 행사로 K팝과 K콘서트, K컨벤션을 결합해 우리 문화를 기업의 제품·서비스와 연계해 선보이는 한류 종합 행사다.

2016.6.3.

중기 수출 고속도로 된 'K팝 페스티벌'··· 2년간 경제효과 540억[*]

'한류'라 부르는 한국문화의 인기가 날로 커지고 있는 원동력이 한국의 것은 재미있다는 인식이라고 할 수 있다. 그런 점에서 이를 'K-Jam(케이-잼)'이라고 이름 지어도 좋을 듯하다. 우리말의 '잼'이 갖는 재미의 의미가 영어로서 '잼'이 갖는 다양한 과일로 만든 음식첨가물의 의미와 맞아떨어지면서 여러 가지 한국의 재미를 즐길 수 있다는 용어가 될 듯하다.

'재미' 하면 게임을 제쳐 두고 이야기할 수 없다. 그런데 이 게임에 있어서도 한국은 세계를 주도하고 있다. 그래서 'K-Game'이라고 말해도 좋을 듯하다. 프로게이머의 상위권을 한국 젊은이들

* 출처: 한국경제, 2016.6.3.

이 차지하고 있는 건 오래된 사실이고, 우리가 간과하고 있지만 인터넷 게임시장의 원조이자 선두주자도 사실 한국이다.

그동안 게임 산업은 1970~1980년대 오락실에서 하던 게임, 1990년대 닌텐도 등 기구를 이용한 콘솔 게임(Consol game), PC 게임에 이어서 2000년대부터는 본격적으로 인터넷 게임으로 발전되어 갔다. 인터넷 게임은 인터넷 혁명을 기초로 해서 그동안 한두 명이 동시에 즐기던 게임을 넘어서 동시에 수십, 수백 명의 전 세계누구라도 함께 즐길 수 있는 게임이 되었다는 점에서 그야말로 혁명을 겪었다.

이 인터넷 게임은 초고속인터넷망과 열정적 사용자가 넘쳐 나는 한국이 세계시장을 주도하게 되었다. '스타크래프트'라는 초기 인터넷 게임 소프트웨어의 바통을 이어받아 인터넷 게임시장은 한국이 선점하여 주도했고, 이제는 스마트폰 게임으로까지 넘어가서 세계인을 열광시키고 있다.

이러한 한국의 인터넷 게임시장 주도는 한국이 갖고 있던 'PC방'이라는 환경도 역할을 했다. 이제는 스마트폰 게임이 시장의 상당 부분을 차지하고 있는 상황에서 한국의 문화 콘텐츠 역량을 십분 활용해서 게임 소프트웨어의 제작과 스마트폰 기기의 개발, 나아가 대형 액정 개발 등으로까지 확장해 갔다. 혼자 하던 게임이 이제 세계 어디에 있는 누구와도 언제, 어디서나 재미있게 즐길 수 있는 게임이 되었고, 이런 게임의 천국이 바로 한국이다. 이렇게 한국은 'K-Jam'을 통해 G3로의 길을 닦고 있는 셈이다.

6.   한·중·일의 중심으로

중국은 역사적으로 오랜 기간 아시아의 중심국가 역할을 했다. 일본은 그런 중국을 20세기에 들어와 전쟁과 경제로 굴복시켰다. 21세기에는 우리나라가 바통을 이어받아, 한·중·일 나아가 아시아의 선도국가 역할을 할 수 있다. 경제적으로 그리고 문화적으로 중국과 일본을 따라오게 한다는 것이다. 국가 간의 전쟁을 통해 한 국가가 다른 국가를 굴복시키고 점령하던 20세기까지의 인류역사 형태가 아닌 자연스러운 경쟁을 통해 한 국가가 다른 국가의 모범이 되고, 주도해 가는 바람직한 형태의 구도가 마련될 것이다.

세계경제에서 중심역할을 했던 일본은 1980년대 이후 고령화 등으로 급격히 미약해졌고, 그 과정에서 중국이 규모 면에서 G2 국가로 경제력이 급격히 커졌다. 그런데 이제 중국의 그동안 30년간 고도성장구도에 문제가 생기기 시작했고, 포용적 정치제도를 갖추지 못한 중국이 더 이상의 경제발전에 한계를 보일 것으로 전망된다.

조지 프리드먼(George Friedman)은 2009년에 발간한 그의 저서 『100년 후: 22세기를 지배할 태양의 제국 시대가 온다』에서 동아시아 3국의 미래를 내다보면서 중국에 대해서는 비관적으로 전망했다. 그는 중국이 한때 G2로 불렸지만 점차 쇠락하게 되는 원인으로 가난을 꼽았다. 13억 명 중 10억 명 이상이 가난 속에서 살고 있는 상황이 발목을 잡는다는 것이다. 더 이상 저임금이 가능하지 않아서 고부가가치 산업으로 이동하려 해도 여러 경쟁국들의 존재로 힘들다는 점도 강조한다. 일본이 한때 고성장으로 외국 자산을 사들였다가 버블이 붕괴하는 과정에서 금융시스템이 훼손되었듯이 중국이 유사한 길을 갈 가능성이 크다고도 한다.

한편 프리드먼 교수는 일본과 한국에 대해서는 상당히 긍정적인 전망을 내보였다. 특히, 통일 이후 한국은 북한의 땅과 자원, 값싼 노동력에 남한의 기술·자본·리더십이 합쳐지면서 엄청난 시너지가 발생할 것으로 내다봤다. 이러한 전망의 실현 가능성을 높이는 노력이 중요하고 이는 바로 한·중·일 간의 중심 역할을 우리가 해야 한다는 것이다.

대한민국은 일본의 고령화 문제와 중국의 착취적 정치제도 모두를 안고 있지만 극복해 나가고 있다. 나아가 우리 국민 특유의 근성으로, 문제를 극복함과 동시에 새로운 발전 동력을 만들어 내고 있다.

고 이어령 교수는 이를 두고 역저『이어령의 가위바위보 문명론』에서 "바위는 가위를 이기지만 가위는 보자기를 이긴다. 그리고 보자기는 최하위가 아니라 최상위에 있던 주먹을 이김으로써 동그란 순환의 고리를 만든다. 동그랗게, 동그랗게 순환하는 가위바위보 관계가 대륙, 해양 사이에 낀 반도의 절묘한 세 문화의 상생, 순환의 한·중·일 관계가 새 문명을 열게 된다"고 내다본 바 있다. 아시아가 중국 또는 일본이 패권을 다투는 각축장이 되고 있다면서 이 교수는 이대로라면 과거의 중화주의나 대동아주의를 반복할 수밖에 없다고 강조했다. 따라서 한 민족이 삼국의 화합조정자 역할을 할 수 있다고 역설했다.

또한,『김석동의 한민족 DNA를 찾아서』의 저자 김석동은 이 책에서 우리가 일본과 중국을 선도하여 중심 역할을 할 수 있고 나아가 세계 중심 국가가 될 수 있다고 보았다. 여기서 저자가 내세운 한국인의 네 가지 특성은 다음과 같다.

첫째, 끈질긴 생존 본능

둘째, 승부사의 기질

셋째, 강한 집단의지

넷째, 개척자 근성

1990년대까지 일본 문화가 침투할까 온 국민이 걱정했고, 외국 영화가 스크린을 지배할까 두려워 스크린 쿼터제를 도입하고 유지하기도 했다. 그런데 이제 우리 문화는 한류라는 단어가 말해주듯 세계를 들뜨게 하고 있다. 세계인이 한국적인 특유의 리듬, 춤, 랩, 맛, 화장술, 콘텐츠 등에 놀라워하며 즐기고 있고, 특히 일본과 중국의 국민들이 먼저 시작했으며 더욱 열광하고 있다.

일본과 중국 관계는 우리의 일본과 중국 각각의 관계보다 훨씬 멀어져 있다. 그런 일본과 중국을 우리는 문화와 경제로 연결하면서 이끌 수 있다. 우리의 IT를 기반으로 하는 경제과 문화를 바탕으로 아시아에서 세계로 우리 주도하에 나아갈 수 있다.

3부

대한민국의
명품 정책

우리가 자세히 찾아보고 알려고 노력하지 않아서 그렇지 대한민국의 정책안이 글로벌에서 통하고 있고 많은 나라가 부러워한다는 사실을 기억할 필요가 있다. 실제로 우리 역사에서 나타난 우수한 제도들의 전통을 이어받아 현재 대한민국 또한 세계적으로 인정받는 제도와 정책들이 있다. 1993년 전격 도입되어 반부패 인프라의 골격 역할을 한 금융실명제에서부터 1977년 도입된 부가가치세제와 건강보험제도에 이르기까지, 도입 이후 대한민국의 경제적·사회적 발전에 결정적인 역할을 한 명품 정책들이 있다. 이러한 제도는 도입 당시 여건과 상황이 녹록지 않았음에도 지도자의 결단과 공직자의 열정, 능력으로 도입되어 결과적으로 성공을 거둔 것이다.

이러한 명품 정책에 걸맞은 것 중 또 하나는 새마을운동이다. 2015년 UN 총회의 한 분과회의에서 새마을운동을 주제로 정할 정도로 세계적으로 주목받고 있는 정책이자 운동이다. 지금은 주요 선진국들이 이러한 우리의 부가가치세와 건강보험제도를 부러워하고 있으며, 또 많은 개발도상국이 새마을운동을 도입하여 성공할 정도로 성공신화의 주역이 되어 있다.

1.   금융실명제

1993년 8월 12일 금융실명제가 대통령 긴급명령 형태로 전격 시행되었다. 금융실명제는 말 그대로 금융 거래 시 반드시 실명으로만 하도록 하는 제도다. 발표 다음 날부터 주민등록증 등 신분증이 있어야만 통장 개설이나 계좌이체 등의 금융거래를 할 수 있도록 했다. 이러한 금융실명제는 김영삼 대통령의 대선 공약이었다. 하지만 그 부작용과 실행의 어려움 때문에 실제로 시행할 수 있을 거라고 본 사람은 극히 드물었다. 김영삼 대통령은 군대 내 사조직이었던 하나회를 없애 버린 의지를 다시 한번 발휘해서, 금융실명제 역시 긴급명령으로 전격 실시하는 개혁 의지를 보였다.

사실 김영삼 정부 이전인 1982년과 1988년에도 금융실명제를 시행하기 위한 시도가 있었으나, 비실명 거래로 이익을 얻는 집단의 반발과 정치적 부담으로 좌절되었다. 그러나 김영삼 대통령은 이러한 두 번의 실패를 거울삼아 금융실명제를 전격 도입했다.

제도적으로 금융기관을 경유하는 모든 금융거래에서 실명의 사용을 의무화한 조치는 자금 이동이나 자금 출처에 대한 조사 절차를 거치게 함으로 각종 음성적 거래를 위축시키는 데 기여한 것은 틀림없다. 금융거래자 본인의 실명을 사용하도록 강제한 조치의 효과는 시간이 지남에 따라 더욱 커졌으며, 금융소득 종합과세 등의 도입으로 이러한 효과는 더욱 제고되었다.

외국에서는 금융실명제와 같은 법적 조치를 시행하고 있진 않지만, 자금 세탁 방지 제도가 있어 고객 확인 절차를 거친다. 금융기관 직원이 계좌 주인의 신원과 거주지를 확인하는 절차가 의무화되어 있어 외국에서도 은행 계좌를 열거나 일정 금액을 찾을 때 신분증을 요구한다. 이는 국제 금융위에서 권고하는 사항이기도 하다.

하지만 일본의 경우, 1984년 금융실명제의 일종인 그린카드 제도를 도입했지만, 정치권과 기득권의 반발로 1985년 폐지했고, 현재는 행정지도를 통해 실명 거래 관행의 정착을 유도하고 있다. 일본도 제도적으로 도입하지 못했던 금융실명제를 우리가 해낸 것은, 그만큼 우리 국민과 지도자의 개혁 의지가 일본보다 훨씬 강했다는 점을 시사한다.

이러한 금융실명제는 생각보다는 부작용이 크지 않았고, 그마저도 빨리 수습되기 시작했다. 주식시장의 동요는 처음 이틀을 정점으로 해서 사그라들었고, 어느 정도는 지하자금이 양성화되는 계기가 되었다. 그러나 여전히 차명계좌를 만든 사람이나 명의를 빌려준 사람은 처벌받지 않는다는 문제가 남아 있었다. 따라서 그후 이를 보완하여 현재는 통장을 비롯한 금융거래에 필요한 카드 등을 빌려주기만 해도 처벌되도록 조항이 강화되었다.

이제 남은 하나의 문제는 금융실명제가 정착된 상황에서 금융소득에 대한 공평한 과세라고 할 수 있었다. 따라서 김영삼 정부는 이 또한 과감하게 방안을 준비하여 1996년에 그동안 누진과세 되지 않던 금융소득에 대해 종합과세 하는 개혁을 실시했다. 완전한 종합과세가 아니라 4천만 원을 초과하는 이자나 배당소득에 대해서 나머지 소득과 합산하여 누진과세 하는 금융소득종합과세라는 점에서 어느 정도 한계가 있었지만, 조세의 형평성을 높이는 데 크게 기여했다고 평가되고 있다.

1997년 외환위기의 원인으로 잘못 인식되어 3년간 금융소득종합과세가 유보되는 과정에서 형평성의 훼손이 불가피하기도 했지만, 금융소득종합과세의 실시는 금융실명제의 도입과 함께 반부패와 형평성 제고를 가능하게 한 대한민국의 명품 정책으로 인정되고 있는 것은 사실이다.

〔특별기고〕 실명제 보완의 진정한 의미[*]

신임 경제부총리의 취임과 함께 금융실명제 보완에 관한 논의가 한창이다. 보완의 의미를 제각기 다르게 해석하여 논의의 초점이 분명하지 않은 느낌마저 주고 있다. 진정한 보완의 의미는 실명제를 완화하자는 것이 되어서는 결코 안된다. 금융실명제 특히 금융소득종합과세는 그동안 실시 취지에 흠집이 갈 정도로 충분히 완화되었기 때문이다. 그동안 금융소득종합과세 대상에서 제외되는 분리과세 저축상품이 확대되고 비과세상품이 신설되는 등 금융소득 종합과세는 이미 상당히 완화되어 94년 기준으로 3만 명으로 추정된 종합과세대상자수가 1만 명도 되지 않을 것이라는 예측이 가능하게 되었다. 일부에서는 기회가 있을 때마다 이미 실시된 금융소득종합과세를 연기하자는 극단적인 주장까지 하고 있다.

금융실명제에 대한 애착이 남달리 강한 강경식 부총리 겸 재정경제원장관이 취임하면서 제기한 금융실명제의 보완론은 완화로 해석되거나 이용되어서는 안되겠다. 또한 지하자금을 양성화하기 위한 무기명채권의 발행은 금융실명제의 완화가 아닌 현실적인 강화방안으로 해석되어야 한다. 금융실명제가 실시된 지 3년 7개월이 지났지만 의도한 대로 지하자금이 양성화되지 않았다는 점에서 이제는 보다 현실적인 지하자금 양성화방안을 마련해야 할 시점이 되었기 때문이다. 다만 지금 거론되고 있는 무기명채권발행안은 다음과 같이 수정하여 금융실명제 실시목적을 최대한 살려야 하겠다.

[*] 출처: 한국일보, 1997.3.9.

첫째, 무기명채권을 기명채권으로 하고 자금출처조사를 면제하는 법적 보장을 한 뒤, 소득세 최고세율인 40%로 분리과세하는 이른바 「고율과세 면죄부채권」을 한시적으로 발행하는 것이 바람직하다. 지하자금은 금융소득종합과세로 세부담이 늘어나는 것을 걱정하기보다는 자금 자체가 노출될 것을 우려하는 속성를 갖고 있다는 점에서 자금출처를 법적으로 면제하는 대신 최고세율로 분리과세하자는 것이다. 이 방안은 채권발행을 통해 양성화되는 지하자금을 사회간접자본(SOC) 투자재원으로 활용할 수 있을 뿐만 아니라 양성화되는 지하자금의 규모가 커질수록 고율과세를 통한 세수증대가 커져 이를 사회복지지출증대와 근로자 세부담경감재원으로 사용할 수 있다는 이점이 있다.

둘째, 면죄부를 부여함으로써 실명제의 원래 취지인 형평성 제고가 훼손된다는 문제는 기준금액의 인하를 통해 해결할 수 있을 것이다. 현재의 기준금액인 4,000만 원은 실시 당시 부작용을 우려해 의도적으로 높게 책정된 바 있기 때문에 지금이라도 2,000만 원 이하로 인하하여 공평과세라는 원래의 목적을 살려야 되겠다.

셋째, 고율과세 면죄부채권을 도입함과 동시에 금융실명제는 철저히 사후 관리되어야 한다. 특히, 실명제의 정착에 걸림돌이 되고 있는 차명거래를 방지할 수 있는 근본적인 방안의 마련이 시급하다. 아울러 차명거래를 적발하여 처벌하는 강력하고도 지속적인 행정력이 요구된다. 강력한 행정력은 혹시나 하며 조심스럽게 비실명거래를 시도하려는 자들의 의식을 근절하는 핵심적인 조치가 될 것이다.

이번의 논의를 끝으로 더 이상 금융실명제 보완논의는 없어야 할 것이다. 더 이상의 논의는 조금 더 기다려 보자는 심리를 부추겨서 양성화되려던 지하자금을 다시 숨게 만드는 결과를 초래할 것이기 때문이다. 또, 앞으로는 경기침체에 따른 저축증대 그리고 중소기업자금난 해소에 금융실명제가 이용되는 사례도 없어야 한다. 이는 개혁의 성공을 조용히 지켜보고 있는 대다수 국민들의 간절한 소망이다.

1997.3.9.
서울시립대 경제학부 안종범 교수

2. 부가가치세

부가가치세제와 건강보험제도는 1977년에 도입되었다. 이 두 가지 제도는 전 세계가, 특히 미국과 중국이 부러워하는 대표적인 제도다. 중국은 한국의 부가가치세제를 배우기 위해 주요 공무원을 파견시키기까지 했을 정도인데, 실제 1990년대 초반 한국조세연구원에 중국의 조세전문 공무원을 보내 한국의 세제를 연구하기도 했다. 그 후 중국은 1994년 기존의 공상통일세(工商統一稅)를 개혁하여 우리의 부가가치세 형식의 증치세(增値稅)를 도입했다.

미국 또한 오바마 전 대통령이 늘 한국의 부가가치세제와 건강보험제도를 본받아야 한다고 말하기도 했다. 50년 가까이 시행되고 있는 우리의 부가가치세제는 전체 세수입에서 차지하는 비중이 가장 크다는 점에서 우리 세제의 중심역할을 하는 세목이 되었다고 볼 수 있다. 단순히 매출에 세금을 부과하는 것이 아니라 매출과 매입의 차이인 부가가치에 부과하는 소비세로, 탈세를 기본적으로 방지하는 장치를 가진 선진적인 세목이라 할 수 있다.

대한민국의 부가가치세제는 OECD 국가 중에서도 오랜 전통을 가지고 성공적으로 정착시켰다는 점에서 주목받는다. 세율은 10%로서 다른 국가들에 비해서 낮은 편이지만 그동안 계속 개선의 노력을 함으로써, 안정적인 세수와 높은 납세의식을 가져오는 결과를 낳기도 했다. 여전히 탈루의 문제 소지가 있는 간이과세제도라는 예외 제도가 있긴 하지만, 정보화 시대가 심화되면서 세원의 노출이 더욱 쉬워지고 세원누락의 여지가 점차 줄고 있다. 우리가 가진 IT 강국으로서의 인프라와 과세정보의 활용 등을 통해 우리의 세원은 부가가치세와 소득세를 중심으로 더욱더 투명화될 가능성이 커진다고 할 수 있다.

자영업자 소득부터 제대로 파악하라*

근로자가 세금을 너무 많이 낸다는 문제가 또다시 제기됐다. 내년에 근로자가 부담해야 하는 세금은 올해 실적치에 비해 12.4% 늘어나지만, 개인사업자가 주로 내는 종합소득세는 7.6%나 줄어든다고 발표됐기 때문이다. 이 수치들을

* 출처: 중앙일보, 2005.11.18.

보면 적자로 꾸려가는 나라 살림과 늘어만 가는 나랏빚을 근로자가 모두 떠안고 가고 있다는 느낌을 준다.

사실 오래전부터 근로자는 정부의 세수 확보에 크게 기여하고 있다. 특히 과거 물가가 가파르게 오르던 시절에는 몇 년만 근로소득세 세율체계와 공제수준을 유지만 해도 세수가 저절로 늘어나게 할 수 있었다. 이는 물가상승을 세제가 제대로 반영하지 못해 물가상승으로 명목소득이 높아지면 누진적 소득세 체계에서 실질 세부담은 커질 수밖에 없기 때문이다. 그런데 물가상승으로 실질 세부담이 커져도 근로자는 여기에 불만을 갖지 않았다. 그것보다 소득파악이 제대로 안 되는 자영업자에 비해 상대적으로 더 많은 세금을 내고 있다는 현실이 더 큰 불만이었다.

그런데 이런 불만이 지난 수십 년간 계속됐음에도 왜 해소되지 못하는 것일까? 이는 그동안 정치논리와 인기영합이 작용하면서 문제의 본질에 접근하지 못했기 때문이다. 자영자 소득을 철저히 파악해 문제를 근본적으로 해결하기보다 근로자 세부담을 경감해 주는 임시방편이라는 쉬운 길을 택했다. 그러나 이는 근로자를 위한 것이 아니었다. 그동안 근로자 세부담을 경감하고 저소득 근로계층의 세부담을 완화한다는 명분으로 면세점을 인상했는데 이는 오히려 근로자의 부담을 더욱 늘리는 역효과를 가져왔다. 세금을 내는 근로자가 전체 근로자의 반밖에 안 되는 현실에서, 면세점을 높이면 상위 50%의 근로자만 혜택을 보게 될 뿐 아니라 그 혜택은 고소득층이 더 많이 가져가기 때문이다. 또 이런 면세점 인상으로 부족해지는 세수는 소비세를 인상하거나, 지출을 줄이거나, 아니면 물가상승에도 소득세를 오랜 기간 조정하지 않으면서 보충했다는 점에서 궁극적인 부담은 근로자들에게 돌아간 셈이다.

지금 다시 커지고 있는 근로자의 불만을 정부나 국회가 과연 어떻게 해소할 수 있을까? 이번에도 예전처럼 면세점을 인상하는 식의 사탕발림이라면 곤란하다. 진정으로 근로자를 위해 세제를 바로잡으려면 세금을 제대로 내지 않는 계층의 소득을 파악하기 위해 노력하는 게 우선이다. 정권 초기에는 늘 탈세와 부패를 근절하겠다고 큰소리치다 1년도 안 돼 흐지부지되곤 했다. 그래선 안 된다. 적어도 장부를 작성하고 세금거래서를 제대로 주고받는 정상적인 관행을 만들기 위해 정권과 정파를 초월해 총력을 기울여야 한다. 자영업자의 반 이상이 장부를 작성하지 않고, 매출과 매입의 거래증빙을 챙기지 않아도 되는 소득세. 부가가치세 특례를 두고선 그 어떤 슬로건이나 위원회도 소용이 없다. 소득세의 추계과세제도와 부가가치세의 간이과세제도를 없애는 것이 중요한 것도 이 때문이다.

근로자의 부담을 줄여주기 위해서는 근로소득공제를 확대해 면세점을 인상하기보다 특별공제를 대폭 확대하는 것이 좋다. 교육비와 의료비 등 근로자가 지불하는 각종 비용을 최대한 많이 공제해 주도록 특별공제의 항목과 한도를 늘리는 것이 바람직하다. 그리고 물가상승률이 낮아지기는 했지만 미국처럼 물가상승에 연동해 세율 체계를 조정하는 물가연동 소득세를 도입하는 것도 필요하다.

더 이상 '근로자의 지갑은 유리지갑'이라는 사실이 정치적으로 이용되면서 일과성으로 임시방편을 내세우는 일이 없었으면 좋겠다. 이번 정기국회에서는 제대로 된 세금개혁을 논의하는 장이 마련되기를 바란다.

2005.11.18.

안종범 성균관대 교수·경제학

3.   국민건강보험

우리의 건강보험제도는 전 국민을 대상으로 하면서도 비교적 안정적인 재정으로 운영되고 있는 제도로서, 세계적으로 부러움의 대상이 되고 있다. 1977년에 의료보험제도로 도입되어 40년 이상 꾸준하게 개선되어 온 우리의 건강보험제도는, 고도성장 속에서 소홀할 수 있었을 복지체제를 건실하게 구축한 우리 정부의 저력을 보여 주는 것이기도 하다.

사실 한국의 복지는 정부수립 이후 경제 못지않게 60년간 빠르게 성장해 왔다고 평가할 수 있다. 선진국들의 복지가 100년 이상의 과정을 거치며 발전해 온 것과 비교하면 괄목할 만한 성장 과정이라고 할 수 있다. 박정희 정부 당시 의료보험과 국민연금과 같은 사회보험제도의 기초를 닦은 것은 이러한 복지기반 구축의 핵심이 되었다고 할 수 있다.

1960년대 한국이 경제개발 5개년계획을 기초로 고도성장을 시작하면서 산업화는 핵심 과제였고, 이러한 산업화 과정에서 불가피하게 발생할 수 있는 사회적 위험에 대한 대비가 필요했다. 이런 관점에서 1961년 도입한 각종 복지제도, 특히 산업재해보상보험은 실제 산업 현장에서 중요한 역할을 했다.

이러한 사회보험은 비교적 다른 복지제도에 비해 일찍 도입되었고 또 빠른 속도로 보편화되었다. 산재보험을 시작으로 의료보험, 고용보험, 국민연금 등의 사회보험 도입과 확대 과정이 상당히 빨랐다고 평가할 수 있다.

가장 중요한 발전은 의료 부분에서 이루어졌다. 1976년 12월 의료보험법 2차 개정을 통해 1977년 의료보험제도가 도입되고, 사용자와 사업장 근로자 그리고 생활보호자에 대한 의료보호사업을 실시했다. 1977년 500인 이상 사업장 근로자를 대상으로 한 직장건강보험제도가 처음 실시되었고, 1979년 공무원 및 사립학교 교직원과 300인 이상 사업장 근로자, 1988년 농어촌지역건강보험, 1989년 도시 자영업자를 대상으로 한 건강보험이 실시되면서 전국민 건강보험 시대를 맞았다.

선진국의 경우도 공적 의료보험제도의 도입에 따른 재정부담을 우려하여 본격적으로 도입하지 못한 것을, 개발도상국인 한국이 해냈다는 것은 상당한 의미가 있다. 의료보험제도의 도입과 함께 또 한 가지 주목해야 할 부분은 급속히 전 국민 의료보험체계를 갖추어 갔다는 것이다. 일본은 60년, 유럽도 100년 가까이 걸렸으나, 우리는 12년 반 만에 전 국민 건강보험 적용을 이뤘다. 국가나 공공기관만 병원을 개설할 수 있는 유럽과 달리 우리는 시장에 맡겼다. 그 덕에 우리는 민간 설립을 광범위하게 허용하며 짧은 시간 내에 공급 능력을 갖추게 되었고, 이것은 전 국민 건강보험 확립에 결정적인 성공 요인이 되었다.

4. 기초연금

국가가 국민의 노후소득을 보장해 주는 제도 중의 핵심은 공적 연금제도인데, 우리는 1988년 도입한 국민연금제도가 그것이다. 그러나 우리와 같이 급속히 진행되는 고령화 사회에서는 이마저도 충분하지 않다는 점에서 국민연금제도 이외에도 기업연금제도나 개인연금제도 등과 같은 제도를 통해 보완하고 있다. 한편, 노인빈곤율이 높은 우리에게 저소득층의 노후를 보호하는 것도 중요하다. 그래서 2007년 4월 제정 공포된 기초노령연금이 그 역할을 하도록 했다. 그러나 전적으로 예산으로 충당하여 일률적으로 정액을 지급함으로써 개인에게 주어지는 연금액도 불충분할 뿐만 아니라 재정상황도 장기적으로 불투명하다는 문제를 갖고 있었다. 결국 안정적인 재정하에서 월 20만 원의 기초연금액을 지급하는 형태로 기초연금제도가 2014년 7월부터 시행되었다.

20만 원이라는 금액이 보장될 수 있던 것은 가입 기간이 길어 국민연금 급여액이 높은 대상에 대해서는 일정 수준 감액이 가능하도록 제도가 설계되었기 때문이었다. 다시 말해 국민연금 가입 기간이 상대적으로 길어서 비교적 안정적인 노후소득을 할 수 있는 퇴직자에 대해서는 소액을 감액함으로써 재정안정성을 도모함과 함께 저소득층 노인에 대한 기초연금액을 좀 더 높은 수준으로 인상할 수 있었다.

현재 노인은 우리나라를 오늘날까지 발전할 수 있도록 그리고 자녀를 기르는 데 헌신해 온 세대들이다. 그런데도 정작 노인세대 자신은 노후를 대비하지 못하여 경제사정이 어려워졌을 수 있다. 바로 이 점에서 이런 노인들의 생활에 도움을 주기 위해 오랜 기간 논의와 논란을 거친 끝에 기초연금이 도입되었다. 다만 도입 당시 노인빈곤문제가 급속히 진행되는 고령화 추세와 맞물린 상황이어서, 도입의 필요성은 인정됐지만 도입 방안에 대한 견해차가 컸었다. 이러한 국민연금개혁안으로서 국민연금의 이원화와 함께 기초연금을 도입하자는 안이 유력하게 검토되었으나 당시 무산되었다.
(2006년 9월 21일 자 필자의 한국경제 기고 참조)

연금개혁 더 늦출 수 없다*

우리 국민연금은 아직 20세가 채 되지 않았다. 그런데 불쌍하게도 오랫동안 기금고갈이라는 심각한 병에 시달리고 있다. 더욱 우리를 슬프게 하는 것은 이 병의 치료방법을 두고 10년째 갈피를 못 잡고 있다는 사실이다.

그동안 국민연금 치료법을 놓고 곳곳에서 극한 대립이 생겨났다. 이 과정에서 국민연금에 대한 불신이 극에 달해 음모론이 등장하기도 했고 또 국민연금 반대운동이 거세게 일어나기도 했었다. 재정문제를 해결하기 위해 '저부담-고급여'의 잘못된 연금구조를 '고부담-저급여' 구조로 개선해야 한다는 국민연금발전위원회가 내놓은 치료법이 노동단체들의 거센 반대로 무산되기도 했다. 그런데 너무나 안타까운 것은 국민연금을 그때 치료하지 못하면 결국 그 피해는 당시 극렬하게 치료를 방해하던 20대 청년 근로자에게 고스란히 돌아간다는 사실을 그들은 전혀 모르고 있었다는 점이다.

이제는 더 이상 기회가 없다. 오늘 태어난 아기가 20살이 될 때, 우리 사회는 초고령사회에 접어들고 40살이 될 때 기금이 바닥나서 이들의 부모들(지금의 20대)이 받을 연금이 없다는 것이다. 이들 부모들이 연금을 받게 하려면 결국 이들은 지금의 보험료보다 두 배 이상의 부담을 해야 한다. 따라서 치료가 늦어질수록 그 피해는 고스란히 지금의 20대 이하 세대들에게 돌아갈 수밖에 없다는 것이다.

이제 우리가 택할 수 있는 치료법은 두 가지로 좁혀졌다. 하나는 한나라당이 내놓은 기초연금과 소득비례연금의 이원화(二元化) 안이고 다른 하나는 정부와 여당이 최근 마련한 기초노령연금 도입안이다. 20일에는 열린우리당이 한나라당의 안을 수용한 국민연금법 개혁안을 다음 주 중으로 국회에 제출키로 했다고 한다. 그런데 이번 정부·여당안은 한나라당의 기초연금제 안을 대폭 수용한 것으로 인식되고 있다. 그래서 이제 한나라당이 조금만 더 양보하면 이번 국회에서 국민연금 개선안이 드디어 통과될 것 같은 느낌을 주고 있다. 그러나 정부·여

* 한국경제. 2006.9.21.

당안은 당초 안에다 이미 있던 경로수당을 확대하는 것을 덧붙인 것에 불과하다는 점에서 이원화를 골자로 하는 한나라당 안과는 여전히 차이가 난다.

국민연금 치료법에 있어서는 기초연금과 소득비례연금의 이원화가 핵심이 되어야 한다. 그 이유는 첫째, 이원화안은 소득과 상관없이 일정 금액의 보험료를 부과방식으로 징수하기 때문에 그동안 국민연금이 안고 있던 자영업자 소득파악 문제라는 고질병을 해결할 수 있기 때문이다. 반면 정부·여당안은 소득파악문제를 그대로 안고서 기초노령연금을 위한 또 다른 소득파악 문제를 추가하였다. 둘째, 소득비례부분을 분리함으로써 그만큼 재정부담이 줄어드는 효과가 발생한다. 셋째, 통일이 되었을 경우를 대비한 연금체제를 준비하는 데도 이원화가 큰 도움이 될 것이다.

그러나 한나라당 식의 기초연금은 과한 측면이 있다. 대상 면에서나 연금급여 수준 면에서 단번에 도입하기에는 우리 재정부담 능력 밖이라 할 수 있다. 바로 여기서 타협의 가능성을 엿볼 수 있는 것이다. 정부와 여당이 기초노령연금이라는 것을 내놓은 뜻이 기초연금 도입 취지에 동감을 표시한 것으로 받아들이고서 한나라당은 이쯤에서 양보할 수 있다. 즉 기초연금의 소득이 일정수준 이하인 사람들로 대상을 줄이거나 기초연금 급여수준을 하향조정하는 것으로 양보하라는 것이다.

거듭 강조하지만 우리의 국민연금은 대략 몇 년 버틸 수 있는 대증요법(對症療法)으로 치료하기에는 병세가 너무나 위중하다. 수술과 같은 근본적인 치료가 필요하다. 우리에게 필요한 국민연금 치료법은 과거 1997년 국민연금개선기획단이 주장했고 세계은행과 OECD가 권고하고 있는 이원화가 핵심이 되어 사각지대를 해소함과 동시에 보험료를 높이고 연금을 줄이는 것이다. 이 치료법이야말로 여와 야가 이번 가을 국회에 합의를 도출하기 쉬운 대안이라는 점에서 기대를 걸어본다. 아마도 이번이 국민연금을 치료할 수 있는 마지막 기회일지도 모르기 때문이다.

2006.9.21.

安鍾範 성균관대 교수·경제학

18대 대선에서 박근혜 후보가 월 20만 원 기초연금제도 도입에 대한 공약을 내세웠다. 그리고 당선 후 인수위를 거치면서 정부 법안이 만들어졌고, 이는 국회로 넘어가 여야 간 위원회가 구성되어 치열하게 논의와 논쟁을 거친 끝에 도입되었다. 일률적으로 20만 원을 지급해야 한다는 당시 야당의 반대를 설득했고, 국민연금과 연계해 일정 수준의 기초연금액을 감액하자는 정부여당안으로 합의가 이루어지며 법안이 통과될 수 있었다.

당시 야당과 일부 인사들이 국민연금과 연계하면 국민연금 탈퇴자가 급증할 거라던 경고한 것과는 달리, 2014년 시행된 이후 부작용 없이 기초연금제도는 날로 정착되어 갔다. 특히, 기초연금 도입 이후 우리의 노인빈곤율이 낮아지고 있다는 점도 주목할 만하다. 더불어 당시 반대하던 야당이 집권한 후에는 기초연금액을 20만 원에서 30만 원으로 인상했다는 점에서 기초연금은 성공적인 정책이라 할 수 있다.

유교적인 전통으로 자식이 부모를 노후에 봉양하는 것이 일반화되던 60~70년대 시대를 지나서 핵가족화되고 산업화되면서, 우리 사회는 정부가 노인의 노후 보장을 담당해야 하는 시절이 도래하게 되었다. 노인빈곤문제는 전 세계적인 문제지만, 우리나라 또한 고령화 속도와 노인빈곤율이 세계 최고 수준이 되어가고 있다.

노후소득보장과 노인빈곤해결이 핵심적인 과제로 떠오르는 상황에서 기초연금제도는 대한민국의 저력을 보여 주는 계기가 되었으며, 우리가 가진 또 하나의 명품 정책으로 자리매김하게 되었다.

5. 빈곤퇴치정책, 새마을운동

　　새마을운동은 제도나 정책이라기보다 이른바 정부가 주도한 사회운동이라 할 수 있다. 하지만 새마을운동을 대한민국의 명품 정책으로 내세울 수 있는 이유는 이것이 개발 초기 빈곤이 사회문제가 되던 시기에 지도자가 주도적으로 자립에 근거를 두고 시행한 빈곤퇴치정책이며, 엄청난 성공을 거두었기 때문이다.

　　1960년대 전쟁의 질곡에서 아직 벗어나지 못한 개발 초기, 후진국 대한민국이 박정희 대통령의 주도하에 농촌의 자립발전을 유도하는 새마을운동을 통해 최단시간에 농촌발전과 빈곤탈출을 이루어 낼 수 있었다. 농촌지역에 정부는 각종 도로, 교량 등 기간시설을 지원하고, 농촌지역 주민들은 자립과 협조를 통해 농업발전을 힘 모아 이루어냈다.

새마을운동의 성공은 이제 한국을 넘어 세계로 전파되고 있다. 동남아시아와 아프리카에서 빈곤탈출과 농업발전의 모델로 새마을운동을 도입하여 여러 성공사례를 만들어 내고 있다. 우리의 몇몇 교육기관들은 전 세계 개발도상국 관료들을 대상으로 새마을운동 등과 관련된 교육을 실시하고 있다. 이렇게 교육을 받고 본국으로 돌아간 관료들은 새마을운동을 적극 전파하는 역할을 하기도 한다.

몇몇 아프리카 국가들이 새마을운동 성공사례를 많이 만들어 내기도 했다. 우간다의 경우, 새마을운동 적용에 성공한 마을을 따로 지정할 정도다. 그 외 아프리카의 케냐, 에티오피아 등 국가들도 새마을운동에 대한 찬사가 이어지고 있다. 동남아시아 역시 새마을운동의 전파와 성공사례가 날로 확대되고 있다.

새마을운동은 2015년 9월 UN총회에서 분과회의 주제로 선정되어 많은 국가 전문가들과 관료들이 참석해 열띤 토론을 벌인 바 있다. 또한, 개발도상국 지원과 교육 관련 자문을 하는 『빈곤의 종식』의 저자 제프리 삭스(Jeffrey Sachs) 교수는 새마을운동을 빈곤퇴치와 교육에 효과적인 정책으로 인정하고 열렬히 홍보하기도 했다.

"절대빈곤 퇴치 가능성, 새마을운동이 증명했다"

제프리 삭스 美 컬럼비아대 교수

"지구촌에서 절대 빈곤층을 없앨 수 있다고 하면 대부분 사람들이 회의적입니다. 그러나 한국이 가능성을 보여줬습니다. 그 원동력이 된 새마을운동을 세계 곳곳에 영감을 주고 있습니다."

'빈곤의 종식' 저자이자 세계적 석학인 제프리 삭스 미국 컬럼비아대 교수(61)의 말이다.

삭스 교수는 24일 대구 인터불고 호텔에서 열린 2015 지구촌새마을지도자 대회에 참석해 "유엔이 15년 내 빈곤 퇴치라는 목표를 세웠고, 이를 실천할 전략으로 새마을운동에 주목하고 있다"고 말했다.

삭스 교수는 1990년대까지만 해도 불가능해 보였던 빈곤 퇴치가 가능을 이루고 있다고 강조했다. 삭스 교수는 "1990년 37%였던 전세계 빈곤 비율이 2015년에는 9.6%로 감소하는 큰 개선이 이뤄졌다"며 "아프리카도 21세기 중반까지 빈곤을 종식시킬 수 있다"고 말했다. 그는

"아프리카 사하라 이남 지역 극빈층 비율은 58%에서 37%로 하락했다"며 "이들 국가도 한국의 1980·1990년대 수준까지 끌어올릴 수 있다"고 말했다.

그는 유엔의 빈곤 종식이라는 목표를 세우자 많은 사람들이 이상론

극빈층 25년만에 27%P 줄어
비관론자에 "한국 사례 보라"
새마을운동이 실천수단될 것

에 빠져 있다고 비판했던 점을 상기했다. 삭스 교수는 "그런 비관론자들에게 한국의 사례를 보라고 했다"며 "1960년대 대다수가 빈곤층이었던 한국은 50년 만에 기적적인 성장을 일궈냈다"고 말했다.

삭스 교수는 7년 전부터 한국국제협력단(KOICA)과 함께 새마을운동을 전파하기 위한 '코리안 밀레니엄 빌리지' 사업을 추진 중이다. 이 사업은 유엔 사업의 일환으로 우리나라 정부가 800만달러를 지원해 탄자니아, 우간다 등 4개 마을에 한국형 마을을 짓는 농촌개혁사업이다.

삭스 교수는 1970년대 말 하버드대 박사과정 재학 당시에 있었던 일화를 소개했다. 일부 교수들이 한국 경제 수준에서는 중공업에 집중해야 하는데 중화학공업을 하는 여러 분야 투자에 나서는 것은 무모한 짓이라고

지적했고 한국 경제 성장은 실패로 끝날 것이라는 비관론이었다. 그러나 삭스 교수는 한국의 교육열을 보며 발전 가능성을 의심치 않았다.

삭스 교수는 "1980년대 중반 하버드대 교환교수로 왔던 한승수 전 총리 제안으로 우수한 서울대 졸업생을 하버드대가 받기로 '계약'했다"며 "당시 유학온 우수한 인재들이 경제기획원 등 핵심 인재가 됐다"고 말했다. 삭스 교수는 "빈곤 종식이라는

목표를 달성하기 위해서는 최빈국에서 정보통신기술(ICT)이 제대로 구현돼야 한다"며 "삼성, LG 등 선도 기업들이 적극적으로 이런 활동에 나서야 할 것"이라고 강조했다.

그는 지난 9월 유엔 개발정상회의의 가 '하루 1달러 미만으로 살아가는 극빈 근절'이라는 지속가능개발목표(SDGs)와 효과적인 실천 수단으로 새마을운동을 지목했기 때문에 전 세계에서 새마을운동 확산이 가속화될 것으로 전망했다.

그는 "지난 30년 전부터 한국을 오가며 '할 수 있다'는 정신을 배워 한국을 통해 목도하고 경험한 것을 전 세계에 전파해야 한다고 생각해왔다"고 말했다.

미시간주 디트로이드에서 태어난 삭스 교수는 하버드대에서 박사학위를 받고 26세 때인 1980년대 하버드대 교수로 일한 뒤 컬럼비아대 교수로 옮겼다. 반기문 유엔 사무총장의 특별자문관으로도 임하고 있다.

대구/박원범 기자

"절대빈곤 퇴치 가능성, 새마을운동이 증명했다"*

이처럼 한 국가의 정책 혹은 사회 운동이 그 국가에서의 성공을 넘어서 전 세계적인 성공사례를 만들어낸 것은 새마을운동이 대표적이라 하겠다. 더 나아가 새마을운동을 우리 대한민국이 만들어 냈다는 것은 우리 역사에서 위대한 자산이라 할 수 있다.

* 출처: 매일경제, 2015.11.25.

4부

G3로 가는
장애물 제거하기

우리는 역사적으로 위기 극복과 발전에 탁월한 역량을 보여 주었다. 또한, 최근 20년 동안은 여러 명품 정책을 만들어 시행했고 한류로 표출되는 문화적 우수성을 세계에서 인정받고 있다는 점에서, 우리에게 크나큰 자긍심을 심어 주고 있다. 그동안 헬조선과 같은 자학적 국민집단 심리를 극복하면서 이를 협력과 도약의 원동력으로 승화시키는 우리의 역량이 남달랐다고 하겠다.

그렇다 하더라도 대한민국이 이대로 저절로 G3로까지 이어질 거라 자신할 수는 없을 것이다. 그동안도 그래 왔듯이, 수많은 대외적인 도전과 내부 갈등이 앞으로의 발전에 걸림돌이 될 것이기 때문이다. 여기서 이 걸림돌을 딛고 한 번 더 뛰어오르면 진정 'G3 대한민국'에 도달할 수 있을 것이다.

지금 우리 앞에 놓인 가장 큰 장애물은 바로 내적인 것이라 하겠다. 우리가 안고 있는 지역, 계층, 이념, 세대 그리고 젠더 간 분열과 갈등이 그것이다. 대외적인 도전은 오히려 우리에게 분열을 봉합하면서 뭉치게 해 주는 요인으로 작용했다는 점에서 우리에게는 이러한 내적인 도전이 더욱 위험하다. 특히 분열과 갈등을 악용하는 세력들이 언제나 즐겨 쓰는 인기영합주의, 즉 포퓰리즘(Populism)이 가장 큰 장애물이라고 할 수 있다.

이러한 분열과 갈등을 부추기는 포퓰리즘을 갖고 활약하는 세력을 '신 오적'이라고 지칭할 수도 있다. 이것은 김지하 시인이 1970년에 발표한 『오적』의 업그레이드된 버전이기도 하다. 당시 김지하의 시에서는 재벌, 국회의원, 고급공무원, 장성, 장·차관을 다섯 종류의 오적(五賊)으로 간주하고 풍자했다. 이러한 오적이 21세기에 우리에게 새로운 세력으로 나타난 것을 신 오적으로 지칭할 수 있다. 그래서 G3로 가는 길을 찾기 전에 우선 이런 신 오적들의 행태를 국민에게 제대로 보여 주고 바로잡는 노력이 필요하다. 이는 3장 '진짜 오적과 신 오적은 누구인가'에서 구체적으로 다루어질 것이다.

1. 분열과 갈등을 어떻게 치료할 것인가

'지역갈등'은 남과 북이 갈라진 한반도에서 우리 국민을 가장 오랫동안 분열되도록 한 것이다. 영호남 갈등이라고 일컬어지는 지역갈등이 언제 시작되었고, 원인이 무엇인지에 대한 명확한 답은 얻을 수 없을 것이다. 그러나 적어도 정치적인 이유가 이러한 갈등의 원인이며, 또 갈등을 증폭시키기도 했다는 것만은 분명하다. 박정희와 김대중이라는 두 대통령 후보 간에 벌어진 극단적인 대립이 지역감정을 부추기는 식으로 나타났고, 이것이 내부 분열의 주요한 원인 중 하나가 되었다. 당시 선거 이후 지역갈등은 더욱더 심해졌다.

그래서 아직도 무조건 영호남의 정치적 선호도는 극명하게 대립되고 있다. 영호남 간의 불신이 이처럼 정치적 이유를 가지고 있음에도, 이를 해결하고자 노력하기보다는 많은 정치인이 이를 이용하여 자신들의 정치적 야망을 충족시키는 행위를 지속하고 있다. 우리의 지역갈등은 미국의 흑백갈등이나 유럽국가들에서의 인종갈등처럼 원인과 시작이 분명하기보다는, 이처럼 정치적 이유로 좀처럼 해소되기 힘든 고질적인 문제가 되어 버렸다.

두 번째로 우리가 주목할 것은 '계층 간 갈등'이다. 가진 자와 못 가진 자, 노와 사 그리고 대기업과 중소기업 간 반목은 그 어느 나라에서도 해결하기 힘든 것이다. 세계 대부분 국가체제로 자본주의가 정착된 상황에서는 계층 간 갈등은 불가피하다고 할 수 있다. 사회주의 체제인 중국조차도 물밑에서 이러한 계층 갈등이 커지고 있다. 우리의 경우도, 가진 자와 대기업을 향한 국민적 불만과 반감이 시간이 갈수록 심해지고 있다.

물론 가진 자와 대기업이 보여 준 횡포나 갑질이 우리 국민으로 하여금 이해하거나 용서하는 기회 자체를 박탈했다고 할 수 있다. 하지만 우리의 계층 간 갈등은 지역갈등 못지않게 정치적으로 조장되어 온 측면이 강하다. 선거 때마다 저소득층과 중소기업을 의식해 가진 자와 대기업을 혼내 주는 공약을 내세우면서 표를 얻는 후보가 많아지고 있다는 점을 보더라도 심각한 수준이다. 진보와 보수 그리고 좌와 우 모두 경제민주화라는 기치 아래 수많은 부자증세와 반재벌 공약을 쏟아내는 우리의 정치 상황은 이러한 심각성을 심화시키는 것이다. 베네수엘라와 같은 남미 국가들이나 그리스와 같은 유럽 국가들도 이러한 계층 간 갈등을 이용한 선거의 반복으로 나라가 몰락하는 과정에 있다는 점을 감안하면, 우리가 이들 국가의 전례를 답습하고 있지는 않은가 염려스러운 상황이다.

세 번째는 '이념갈등'이다. 진보와 보수, 그리고 좌와 우 간에 벌어진 갈등은 대부분 국가가 오랜 기간 경험했던 것이라 할 수 있다. 그렇지만 우리의 이념갈등은 다른 국가들이 보여 준 것과는 사뭇 다른 양상을 띠고 있다. 특정 이슈에서 보여 주는 뿌리 깊은 이념대립이라기보다는, 이슈와는 크게 상관없이 벌어지는 진영 간 대립의 형태이기 때문이다. 낙태문제, 세금인상문제 등과 같은 이슈는 늘 이념 간에 첨예하게 다른 입장을 갖고 대립하는 것이다.

그러나 우리는 이념과는 관계없는 이슈에 대해서도 진영 간 대립구도를 형성한 채 극렬하게 갈등 양상을 보이는 경우가 흔하다. 어떤 이슈가 제기되면 진영 간에 입장을 서로 다르게 표명하면서 대립하는 것이다. 이념대립을 보일 이슈가 아닌 것에서조차도 이념을 대립하여 입장을 취함으로써, 불필요한 국론분열과 국력을 낭비하는 경우가 다반사라 할 것이다. 로마 시대 율리우스 카이사르는 "국가는 이념이 아니라 실제이고, 문제는 국가가 제대로 기능을 발휘하느냐 아니냐에 있다"(시오노 나나미, 『로마인 이야기』 5권 율리우스 카이사르 304p, 2012.)고 했다. 이념갈등은 국가로서는 늘 소모적이라는 점에서 하루라도 빨리 벗어나야 할 대상이다.

네 번째는 '세대갈등'이다. 지역갈등, 계층갈등 그리고 이념갈등에 이어 세대갈등까지 이어지면서, 우리의 갈등구조는 더욱 얽히고설키게 되었다. 식민지배와 전쟁을 치른 세대와 그 이후 태어난 세대 간의 갈등 구도가 고질화하고 있다고 할 수 있다. 1950년대의 베이비붐과 1990년대 이후의 저출산으로 인해 급속히 진행되는 고령화 상황에서 벌어지고 있는 세대 간 갈등은 연금문제에서부터 고용문제 그리고 가치문제에 이르기까지 심각한 상황으로 전개되고 있다. 이러한 세대 간 갈등은 정치적 이해관계에 연결되면 더욱 심화되기도 한다. 정치인들이 선거 때마다 세대 간 갈등을 이용하여 표몰이를 하기 때문이다. 386세대라는 용어가 자주 등장하면서부터, 세대 간 갈등은 언제나 폭발할 가능성이 내재되어 있다 하겠다.

다섯 번째는 '젠더갈등'이다. 그동안 경제 발전 과정에서 발생한 여성의 차별을 해소한다는 차원을 넘어서 이제는 양성 간 대립 양상이 여러 분야에서 나타나고 있다. 남성의 군 복무 기간에 대해

보상 차원에서 만들어진 군가산점에 대한 논쟁에서 본격화된 젠더갈등은 이제 저출산의 원인으로까지 지목되고 있다. 제대군인을 대상으로 취업 시 5% 가산점을 부여하는 제도로 지침되던 군가산점제는 1999년 헌법재판소가 위헌 결정을 내리면서 폐지되었다. 이에 대한 남성의 반발 기조가 결국 젠더갈등으로 이어졌고 이를 계기로 여러 분야에서 젠더 간 대립은 지속되었다.

2022년 대선 과정에서는 '이대남 이대녀'라는 용어가 나타났을 정도로 젠더갈등이 정치적으로도 이용되는 상황에 이르렀다. 그동안의 젠더갈등에 상대적으로 침묵을 지키던 20대 남성을 정치적으로 대변하겠다는 특정 정당과 이에 반발하는 정당 간 선거 과정에서의 대립이 젠더갈등을 한층 더 심화시켰다.

이제는 이러한 젠더갈등이 세계 최저 출산율의 원인으로까지 거론되고 있다. 2023년 4월 2일(현지 시간) 이탈리아 일간지인 '코리에레 델라 세라'는 우리의 저출산 현상과 원인을 분석하는 기사를 실었는데, 여기서 젠더갈등이 심각해지면서 여성들이 출산을 기피하게 되었다고 소개했다. 이러한 젠더갈등을 해결하지 못하면 저출산 문제도 사회갈등 문제도 더욱 악화되면서 우리는 여기서 주저앉게 될 것이다.

이러한 다섯 가지 갈등 구조는 오늘날 정보화 시대가 도래하면서 사이버 공간에서 벌어지는 댓글 문화로 더욱 심각해지고 있다. 대립하고 갈등하지 않아도 되는 일까지 사이버 공간에서는 갈등 구도로 나타나면서 갈등이 생활화되고 있다.

갈등을 해결하는 기능을 갖추지도 못하고, 또 그런 노력을 하지도 못한 상태에서 정치적, 사회적 그리고 경제적으로 늘 포퓰리즘이 판을 치고 있는 상황이 벌어지고 있기도 하다. 우리의 고질적인 갈등 구조의 문제가 포퓰리즘이 더해지면서 더욱 심각해지고 장기화되고 있다.

2. 선거와 재정포퓰리즘

　포퓰리즘이란 일반 대중을 정치의 전면에 내세우고 동원시켜 권력을 유지하는 정치 제제를 말한다. 즉, 정치지도자들이 대중의 지지를 얻기 위해 겉모양만 보기 좋은 개혁을 내세우는 것이다. 이는 단순히 인기에 영합해서 선거에서 표를 얻는 것으로 끝나는 게 아니라 반드시 그 대가를 지불하게 된다. 특히 포퓰리즘의 영역이 경제나 복지인 경우, 그 피해는 포퓰리즘으로 표를 얻으려 했던 집단이나 계층에게 돌아가게 된다.

　경제에 있어 포퓰리즘의 결과는 '정치적 경기순환(Political business cycle)'으로 나타난다. 선거철이 되면 자금을 풀어 경기가 좋아진 것처럼 보이게 하고, 선거가 끝나면 경기침체가 일어나는 것이다. 최근에는 이러한 정치적 경기순환이 재정부문에서 두드러지게 나타난다. 선거 때 재정지출을 늘리고 세금을 줄였던 여파로 재정수지가 악화되었다. 선거 후에는 금리가 오르고 이로 인해 경기침체가 발생하는 정치적 경기순환이 존재한다는 연구결과가 발표되기도 했다.

포퓰리즘 중에서도 가장 흔하게 발생하는 것은 재정포퓰리즘이라 할 수 있다. 어느 시대의 어느 국가든 국민들은 세금은 덜 내고 정부예산은 늘리기를 바라는 속성을 가지고 있다. 그만큼 나라의 살림, 즉 재정은 기본적으로 적자의 가능성이 늘 내재되어 있는 것이다. 이처럼 적자가 지속해서 발생하면 국가는 빚을 낼 수밖에 없다. 그런데 문제는 국가채무, 즉 나랏빚도 한 번 생기면 좀처럼 줄이기 힘들어 쌓여만 갈 가능성이 크다는 점이다. 이러한 나라 살림의 어려움은 포퓰리즘에 편승하여 더욱 커진다. 세금을 줄여 준다거나 예산을 더 배정하겠다는 정치인의 포퓰리즘적 약속에 국민들이 쉽게 속아 넘어가게 되면 나라 살림에 큰 해악으로 작용하게 된다. 이처럼 포퓰리즘 중에서도 재정포퓰리즘은 제일 쉽게 발생할 뿐만 아니라 그 폐해도 가장 크다고 할 수 있다.

재정규율 확립이 포퓰리즘 차단한다[*]

최근 한국조세연구원이 발표한 보고서는 이대로 가면 국가채무 비율이 2050년에 국내총생산(GDP) 대비 116%까지 치솟을 것으로 예상했다. 지금부터 재정 건전성 문제에 집중하지 않을 경우 미래는 암울하다는 경고로 해석된다. 재정 건전성 문제는 법 개정 및 시행과 관련해 정부와 국회, 이해집단 등이 얽히고 설켜 있어 지금 당장 시작해도 늦은 감이 있다.

지금 대한민국의 경제·사회 상황은 잃어버린 20년이 시작되던 일본의 1990년대와 너무도 흡사하다. 당시 일본은 경제적으로는 지금 한국 정도의 재정 문제를 안고 있었고, 사회적으로도 현 한국 정도의 고령화 수준이었다. 그리스를 중심으로 하는 남유럽의 최근 재정위기 상황 역시 수차례에 걸친 유럽연합(EU)의 재정적자 시정 조치에 대한 불성실한 대응과 재정 통계 조작 의혹이 원인이라는 점에 주목해야 한다. 일본이나 남유럽 모두 재정위기 가능성에 제때 제대로 대응하지 못해 지금의 어려움을 겪고 있다는 사실을 깊이 새겨야 한다.

그래서 지금 가장 필요한 것은 '재정규율(fiscal discipline)'의 확립이다. 나라살림을 알뜰하게 살아가는 나름대로의 원칙을 만들어내는 것이 중요하다. 지금 실정에서는 새로운 법을 만들어 재정 건전성을 회복하기 전에 현재 있는 법부터 제대로 지키도록 해야 한다. 재정규율을 나름대로 정해 놓은 '국가재정법'이라는 좋은 법이 있지만 지켜지지 않는 조항이 여전히 많기 때문이다.

우선, 제89조에 명시돼 있는 추경편성 요건과는 상관없이 습관적으로 매년 추경을 편성하고 있다. 매년 경기침체와 대량실업이라는 요건에 따라 추경을 편성했다지만, 그동안의 호황기를 감안하면 매년 빠짐없이 추경을 편성한 사실을 어떻게 설명할 것인가. 제88조의 국세 감면 비율의 제한 조항도 지금까지 지켜진 적이 없다. 지난 3년간 평균 국세 감면 비율에 0.5%를 더한 한도를 설정한 뒤 이를 초과할 경우 감면 축소 계획을 기획재정부 장관에게 제출토록 한 조항이 그것이다. 2008년에는 1%포인트, 2009년에는 0.7%포인트 초과했음에도 아직까지 지켜지지 않고 있다.

* 출처: 문화일보, 2010.3.11.

재정 건전성 확보를 위해 2005년에 제정한 국회법 제83조도 지켜지지 않기는 마찬가지다. 국회 내 상임위 차원에서 오랜 기간 상당한 규모의 재정 소요를 수반할 법안이 예결위 협의 없이 통과되는 상황 때문에 늘 재정 낭비가 컸다는 지적이 있어 왔다. 그래서 재정 수반 법률안에 대한 예결위 사전 협의 제도를 법제화했지만 관련 국회 규칙이 제정되지 않아 아직도 시행되지 못하고 있다. 의원입법안의 경우 역시 국회법 제79조에 따라 법안비용 추계서를 첨부토록 했지만, 2008년에 비용 추계서를 첨부한 경우는 23%에 불과했다.

사실 미국 의회에서의 예산 결정 과정을 보면 한국은 얼마나 재정 건전성에 소홀한지를 잘 알 수 있다. 미국은 상원과 하원에 예산위원회를 두고 예산 총량과 각 상임위별 배정 예산 규모를 결정한 뒤 이를 각 상임위에 전달하면, 상임위는 이 한도 내에서 개별 사업을 결정해서 다시 상하원별로 최종적으로 점검받은 뒤 확정하는 절차를 가지고 있다.

법이 제대로 안 지켜지고 있는 사례는 무수히 많다. 이 때문에 법치를 강조하고 있기도 하다. 그런데 나라 살림살이와 관련된 법마저 안 지켜진다면, 재정위기가 경제위기 나아가 국가위기로 이어지는 악순환의 소용돌이에 빠지게 될 것이다. 그래서 지금 가장 필요한 것은 재정 관련 법과 규율을 지키는 것이다. 6·2 지방선거를 앞두고 횡행하고 있는 선심성 포퓰리즘 공약을 차단하기 위해서도 지금부터라도 재정 규율을 정비하고 이를 반드시 지키도록 온 국민이 감시해 나가야 한다.

2010.3.11.
성균관대 경제학부 안종범 교수

꼭 할 필요가 없는 것을 하는 것도 포퓰리즘이지만, 꼭 해야 하는데 안 하는 것도 포퓰리즘이다. 후자가 더 큰 피해를 오랫동안 가져올 수도 있다. 왜냐하면, 반드시 해야 하는 정책임에도 불구하고 못하게 말리는 세력이 훨씬 많이 존재하기 때문에, 하는 것 자체가 힘들기 때문이다. 이처럼 해야 하는데 안 하게 되는 정책 중 대표적인 것이 연금개혁이라 할 수 있다. 조금 내고 많이 받는 구조로 시작된 연금제도를 바로잡는 것은 아직 태어나지 않은 미래 세대를 포함한 젊은 층을 위한 것이다. 그러나 연금개혁의 수혜자는 소수이기에 결국 다수인 기득권층의 반대에 개혁은 무산될 수밖에 없다.

국민연금개혁, 공무원연금개혁과 같은 연금개혁과 함께 공공개혁, 노동개혁, 규제개혁 등도 정부로서 국민들과 국가의 미래를 위해 반드시 해야 함에도 이해당사자들의 반대가 극렬하다는 점에서 하지 못하는 대표적인 것들이었다. 표를 생각해서, 또 이해집단의 반발을 두려워해서 해야 할 개혁을 하지 않고 미루는 것 또한 포퓰리즘이라 할 수 있다.

어떠한 유형의 포퓰리즘이든 폐해가 심각하기에 발생 원인을 살펴보고 이를 기초로 포퓰리즘을 차단할 수 있는 제도적 장치를 마련하는 것이 필요하다. 국가재정운용의 어려움은 포퓰리즘에 편승하여 더욱 커진다. 그러므로 재정포퓰리즘을 차단할 수 있는 재정개혁과제를 제시함으로써 건전한 나라 살림을 꾸려 갈 수 있는 지혜를 모아야 한다. 무엇보다 중요한 것은 국민들이 포퓰리즘이란 무엇이며, 이 포퓰리즘이 정치와 결부되어 사회에 끼칠 악영향에 대해 정확하게 알고 이해하는 것이다. 따라서 국민의 이해를 돕기 위해 그대로를 쉽게 전달해야 하며, 판단은 국민들의 몫으로 남겨 두어야 할 것이다.

3.   진짜 오적과
신 오적은 누구인가

고질적인 우리의 갈등구조하에서 포퓰리즘은 우리 국민을 현혹하면서 궁극적으로 더욱 힘들게 하고, 갈등을 심화시킨다. 결국 포퓰리즘의 대상인 국민들은 피해자가 되지만, 가해자는 누구이고 피해의 원인은 무엇인지 모르는 상태로 포퓰리즘의 함정에 반복적으로 빠지기만 한다.

이처럼 국민을 대상으로 하는 포퓰리즘의 악행을 자행하는 자를 김지하 시인이 지적했던 오적으로 볼 수도 있다. 1970년 김지하 시인은 『사상계』에 「오적(五賊)」이라는 시를 발표했다. 재벌, 국회의원, 고급공무원, 장성과 장·차관 등 다섯 직업군이 당시 우리 사회를 더럽히는 적이라고 규정했다. 당시의 오적이 변하여 지금의 신 오적으로 불리는 다섯 부류의 사람들에게 주목할 필요가 있다.

'신 오적(新 五賊)'의 폭탄 돌리기*

1970년 시인 김지하는 '사상계'에 '오적(五賊)'이라는 시를 발표했다. 재벌, 국회의원, 고급공무원, 장성 그리고 장·차관 등 다섯 직업군이 당시 우리 사회를 더럽히는 적이라고 규정했다. 그는 여기에 그치지 않고 '풍속사범 오적', '우범 오적' 등 우리 사회에서 나타난 악의 축들을 그의 시로 불러내 혼쭐을 냄으로써 국민들의 마음을 시원하게 했다.

그 많던 오적들이 30년이 훌쩍 지난 지금은 어디에 있을까? 상당수가 버젓이 살아서 여전히 국민들의 비난의 대상이 되고 있다. 그래서 국민들이 오적에 대해 갖는 반감은 조금도 변하지 않았다. 오히려 적의 수가 훨씬 많아졌다. 온갖 곳에서 '편 가르기'가 성행한 탓인지 서로가 적으로 생각하고 있을 정도다. 기업과 근로자, 대기업과 중소기업, 부자와 빈자, 성장론자와 분배론자, 그리고 보수와 진보로 편이 갈려 모두가 적이 되었다. 이런 '편 가르기' 와중에 언제 터질지 모르는 폭탄을 서로에게 돌리는 비극이 벌어지고 있다. 연금폭탄, 세금폭탄, 나랏빚 폭탄, 부동산폭탄 등이다. 연금폭탄과 나랏빚 폭탄은 현세대에서 미래세대로 넘겨지고 있고, 부자들에게 떠넘기려 했던 세금폭탄과 부동산 폭탄은 서민과 세입자에게 돌려지고 있다.

이런 무시무시한 폭탄을 돌리도록 만든 장본인들을 '신 오적(新 五賊)'이라 불러도 좋을 듯하다. 거짓말 선수, 편 가르기 선수, 인기영합 선수, 무책임·무능력 선수, 그리고 남 탓하기 선수들이 그들이다. 이들은 '구 오적'에 못지않게 나라를, 국민을 힘들게 하고 있다. 사실 처음에는 부자들에게 세금 더 거두고 돈 잘 버는 기업들을 혼내준다고 큰소리쳐 이들 신 오적은 너무나 믿음직했으며 인기도 상당히 높았다. 그런데 지금은 신뢰가 철저한 불신으로 부메랑이 되어 돌아왔다. 박수를 보내던 국민들은 가진 자들을 혼내주기는커녕 자신들이 더 힘들어졌다는 사실에 분노하고 있을 정도다. 그런데 어느 누구도 실패에 대해 책임지지도 않고 사과 한마디도 없다. 국민들은 시간이 지나면 분노를 쉽게 잊어버린다는 사실을 잘 알고 있기에, 시간이 흘러 누가 '신 오적'이었는지 분간을 못

* 출처: 서울신문. 2006.11.30.

하게 될 때 분노의 대상을 '구 오적'으로 다시 돌려놓으면 된다는 계산을 하고 있는 듯하다. 국민들은 이들이 내뱉는 또 다른 달콤한 약속에 다시 한번 넘어가버릴지도 모른다.

그러나 이젠 이런 일이 되풀이되지 않도록 해야 한다. 이들 '신 오적'의 말과 행동을 철저히, 끝까지 지켜보고 그들이 약속한 것을 세세히 따져봐야 한다. 그러기 위해서는 우선 우리 마음에 살아 꿈틀거리고 있는 편 가르기 심리를 최대한 억제하고 상대를 이해하려고 노력해 보자. 기업과 부자를 무작정 미워할 게 아니라, 정당하게 돈을 버는 기업들을 늘려나가 경제를 살리도록 하고, 존경받는 부자가 많아져 누구나 부자가 되려고 열심히 일하도록 하자.

가난은 나라님도 어쩌지 못한다는 속담이 있지만, 지금 우리가 보고 있는 가난은 '신 오적'들에 의해 더욱 심해지고 있다. 가난을 복지와 사회적 일자리로 다 해결할 수 있다고 호언장담을 해서 잘못된 믿음만 심어 주고 결국은 가난에서 벗어나지 못한 채 절망에 빠뜨리고 있다. 가난을 만드는 것도 경제이고 가난을 없애는 것도 경제라는 단순명료한 진리를 이제는 깨달아야 한다. 경제를 살려 성장을 해야 일자리가 생기고, 그래야 가난한 사람들이 일자리를 얻게 되어 가난에서 탈출할 수 있기 때문이다.

얼마 전 타계한 밀턴 프리드먼이 살았던 지난 100년은 시장과 자유를 무시한 어떤 체제도, 어떤 나라도 영속할 수 없음을 깨닫게 한 시절이었다. 또 신 오적 같은 세력들이 지구상에서 사라져 가는 시절이었다. 이제 우리도 시장과 자유를 무시하면서 국민들을 현혹시킨 '신 오적'을 정확히 가려내 심판할 수 있어야겠다.

2006.11.30.
안종범 성균관대 경제학 교수

필자가 신 오적으로 지목한 정치인, 관료, 언론인, 교수 그리고 시민단체의 다섯 집단은 끊임없이 서로의 역학관계를 적절히 이용하면서 포퓰리즘이라는 마약으로 국민들을 유혹해 왔다. 이들 신 오적은 우리의 갈등구조를 적절히 이용하면서 포퓰리즘을 더욱 쉽게 작동하도록 한다. 기업과 근로자, 대기업과 중소기업, 부자와 빈자, 성장론자와 분배론자 그리고 보수와 진보로 '편 가르기'를 적절히 하면서, 자신들의 이익을 최대화시키는 행태를 자행하고 있다. 아울러 자신들에게 주어진 책임은 적절히 외면하면서 언제 터질지 모르는 폭탄을 서로에게 돌리는 일도 벌어지고 있다.

연금폭탄, 세금폭탄, 나랏빚폭탄, 부동산폭탄 등이 그 대표적인 사례다. 연금폭탄과 나랏빚폭탄은 현세대에서 미래세대로 넘겨지고 있고, 부자들에게 떠넘기려 했던 세금폭탄과 부동산폭탄은 되레 서민과 세입자에게 돌려지고 있다. 이런 무시무시한 폭탄을 돌리도록 한 이들을 '신 오적(新 五賊)'이라 불러도 좋을 듯하다.

거짓말 선수, 편 가르기 선수, 인기영합 선수, 무책임·무능력 선수, 그리고 남 탓하기 선수들이 그들이다. 이들은 '구 오적'에 못지 않게 나라와 국민을 힘들게 하고 있다. 처음에는 부자들에게 세금을 더 거두고 돈 잘 버는 기업들을 혼내 준다고 큰소리치는 이들 신 오적이 너무나 믿음직했기에 인기도 상당히 높았다. 그런데 그 신뢰는 철저한 불신이 되어 돌아왔다. 박수를 보내던 국민들은 가진 자들을 혼내주기는커녕 자신들이 더 힘들어졌다는 사실에 분노하고 있다. 그런데 누구도 실패에 대해 책임지지도, 사과하지도 않는다. 국민들은 시간이 지나면 분노를 쉽게 잊어버린 채, 이들이 내뱉는 또 다른 달콤한 약속에 다시 한번 넘어가 버린다.

그러나 이젠 이런 일이 되풀이되지 않도록 해야 한다. 이들 '신오적'의 말과 행동을 철저히, 끝까지 지켜보고 그들이 약속한 것을 세세히 따져 봐야 한다. 그러기 위해서는 우선 우리 마음에 살아 꿈틀거리고 있는 편 가르기 심리를 최대한 억제하고 상대를 이해하고자 노력해야 한다. 기업과 부자를 무작정 미워할 게 아니라 정당하게 돈을 버는 기업들을 늘려나가 경제를 살리도록 하고, 존경받는 부자가 많아져 누구나 부자가 되려고 열심히 일하도록 해야 한다.

이들 신 오적이 서로 악순환의 고리로 연결된 것도 끊어 내야 한다. 정치인들은 늘 자신들의 포퓰리즘 선동을 전문성과 합리성으로 포장하기 위해 교수들을 동원하여 그럴듯한 논리를 만들어 낸다. 이 과정에서 관료와 공무원들은 이러한 논리를 기초로 적당히 정책을 만들고 집행하는 데 적극 동조하고, 이를 시민단체가 뒷받침하기도 한다. 또한, 이를 알려 국민을 현혹하기 위해 언론을 이용한다. 이처럼 신 오적의 당사자들은 자신들의 이해에 부합하도록 서로 협조하고 때로는 대립하면서 서로의 연결고리를 형성해 간다.

따라서 이러한 신 오적 간의 연결고리를 끊기 위한 처방과 노력이 필요하다. 이러한 고리를 차단하는 데 그나마 가장 이해관계가 약한 집단이 교수라 할 수 있다. 교수들은 이러한 연결고리에서 빠져나와 포퓰리즘의 폐해를 국민에게 알리더라도 자신에게 돌아오는 피해가 가장 작기 때문이다. 정치인, 관료, 언론 그리고 시민단체는 이러한 연결고리에서 빠져나와서는 생존하기가 힘들다고 생각할 정도로 포퓰리즘에 의존하고 있다.

FACT 알리기

이러한 연결고리 차단의 시작을 교수가 할 수 있다면 가장 먼저 해야 하는 작업은 있는 그대로의 '사실 알리기'라 하겠다. 이른바 시민교육을 통해 한 가지 정책이슈라도 그 근간에 깔린 함정을 제대로 국민에게 알리고, 끝까지 진실을 밝혀내려는 집념이 중요하다. 이를 위해서는 어떤 정책이라도 반드시 사전·사후평가를 제대로 하도록 해야 한다. 그런데 아쉽게도 우리는 이를 늘 소홀히 하고, 이러한 평가에 대한 중요성을 제대로 인식 못 하고 있다.

미국의 정책평가시스템은 우리가 반드시 본받아야 한다. 미국에서는 모든 부처에 차관보급의 정책평가책임자를 두고 철저히 사전·사후평가를 하고 있다. 예를 들어, 과거 클린턴 행정부는 1996

년 복지개혁을 단행하기까지 10년 이상 연구하고 검토하면서 사전 평가를 했고, 시행 후 지금까지도 사후평가를 하며 의회에서 이를 기초로 수정 및 개선을 하고 있다. 며칠 만에 여론을 빌미로 뚝딱 정책을 만들어 내고, 또 한순간에 폐기 처분하는 우리의 상황에 비춰 보면 부럽기만 하다.

언론개혁 또한 핵심 과제라 할 수 있다. 오늘 같은 사이버 시대에서 여론은 과거 신문·방송이 위주이던 시절과 다르다. 여론이 수많은 채널을 통해 신속하게 형성된다는 장점도 있지만, 왜곡 또한 신속하고 용이하게 형성되기도 한다. 그러므로 냉철하게 여론의 형성과정을 지켜보고 언론 왜곡 사례를 끝까지 파헤치는 노력이 필요하다. 특히, 너무도 쉽게 시행되는 여론조사의 폐해를 막는 것도 중요하다.

언론과 정치인들이 즐겨 사용하고 의존하는 것이 여론조사다. 여론조사가 갖는 한계와 왜곡의 가능성을 무시한 채, 오히려 이를 이용하여 대중을 잘못된 판단으로 유도하기도 한다. 특정 정책이나 사안을 놓고 진행되는 여론조사를 바탕으로 정책이나 사안의 결정과 변화를 끌어내는 것은 너무도 위험하다.

여론조사 폐해의 한 사례로 들 수 있는 것은 '1998년 금융소득종합과세의 유보'이다. 외환위기가 발생하고 김영삼 정부의 모든 것이 비난의 대상이 되었다. 그래서 금융실명제를 계기로 시행된 금융소득종합과세가 외환위기의 원인을 제공했다는 단순한 생각으로 여론조사를 통해 중단하기에 이르렀다. 당시 언론이 주도하여 시행한 금융소득종합과세 찬반 여론조사 결과, 국민 80% 이상이 금융소득종합과세의 반대, 나아가 중단을 요구하는 것으로 나타났다.

이를 근거로 정부는 금융소득종합과세를 유보시킨 뒤 3년 후에야 다시 시행하게 되었다. 금융소득종합과세는 금융소득을 많이 가진 자에 대한 과세를 강화하자는 것인데, 마치 이것으로 금융저축이 줄어들었고 이로 인해 외환위기가 발생하게 되었다는 지극히 단순한 논리가 여론조사에서 작동한 것이다.

그러나 실제는 정반대였다. 외환위기로 금리가 20%대 후반까지 높아졌고 이 과정에서 고액 금융소득자들은 이자소득이 배 이상이 되었음에도, 금융소득종합과세의 중단으로 반 이하의 세금을 내는 상황이 생겼다. 결국 외환위기 이후 금융소득종합과세 유보로 소득 불평등을 더욱 악화시키는 결과를 초래하게 되었다.

오늘날, 여론조사 말고도 우리가 과학적으로 분석할 수 있는 각종 자료가 준비되어 있다. 패널데이터와 같이 동일한 대상을 매년 추적조사 하여 그들의 행태변화까지 자료로 축적하고 있다. 또한, 빅데이터를 통해 초단시간에 벌어지는 수많은 대상의 의사결정이나 행동이 담긴 엄청난 양의 정보가 분석을 위해 활용될 수도 있다. 이처럼 진실에 보다 접근할 수 있는 자료가 준비되어 있음에도, 이를 외면하고 손쉽게 여론조사를 통해 위험한 결론을 도출하여 국민들의 사고를 왜곡시키는 것을 막는 노력이 필요하다. 이러한 노력은 바로 신 오적 중에서 전문가이면서 학생들에게 제대로 된 교육을 하는 교수집단에서부터 시작되어야 한다. 꼬인 실타래를 푸는 시작을 교수가 주도한다면, 신 오적 전체의 비정상이 바로잡힐 것이다. 그러면 이들 신 오적은 더 이상 오적이 아닌 오웅(五雄)이 되고, 이들 다섯 집단이 영웅으로 존경받는 바로 그 시점이 되면 우리 대한민국은 G3이 되어 있을 것이다. 이들 다섯 집단이 정상적인 활동을 함으로써 우리가 역사적으로 가졌던 탁월한 역량을 발휘할 수 있다. 그렇게 되면 우리에게 온 기회를 최대한 살려서 세계 중심 국가로 발전하게 되는 것이다.

4. 팬덤 정치와 정치 양극화

오적과 신 오적의 시대가 지나고 이제는 전 국민이 서로를 오적으로 비난하는 시대가 도래했다. 앞서 분열과 갈등의 원인으로 지목했던 지역, 이념, 계층, 세대, 젠더 등과는 상관없이 이제는 진영 간 대립 양상으로 치닫는 팬덤 정치·사회가 되었다. 그리고 이러한 팬덤 정치가 정치 양극화로 이어지는 악순환의 고리가 형성되기도 했다.

특정한 인물이나 분야를 열성적으로 좋아하는 팬덤이 이제 정치와 사회적 현상이 됨으로써 극성 지지자들의 입김과 이득이 비정상적으로 정치에 반영되는 상태가 되어 버렸다. 그동안도 팬덤은 우리 정치와 사회에 조금씩 나타나던 현상이긴 했지만, 지금처럼 정치의 주된 현상이 되거나 또 정치적으로 영향력이 커진 적은 없었다.

진중권은 그의 책『진보는 어떻게 몰락하는가』에서 "팬덤은 '상상의 공동체'다. 팬에게는 오직 팬 객체만이 중요하지만, 팬덤에는 그 대상을 사랑하는 이들의 공동체에 속한다는 느낌이 더 중요하다. 이 집단정체성이야말로 팬 현상과 구별되는 팬덤의 본질이다." 라고 설명했다.

2019년 이른바 '조국 사태'에서 벌어졌던 극단적인 팬덤 대립 현상은 그 후로 더욱 심화되어 시간이 갈수록 더욱 극렬해지고 있다. 이러한 팬덤 정치는 2022년 대선 과정에서 더욱 극렬해졌고 대선 이후 새 정부가 탄생한 뒤에도 더욱 악화되었다. 우리가 우려했던 분열과 갈등의 상황이 이제 팬덤 정치에 의한 진영 간 돌이킬 수 없는 대립과 반목으로 이어지면서 이를 극복하지 못할 경우 G3는 고사하고 한없이 추락하는 상황까지 생길지도 모를 일이 되었다.

둘로 나뉜 서초동… '검찰개혁' vs '조국 구속'*

　이러한 팬덤 정치와 정치 양극화는 비단 우리에게만 나타나는
것은 아니다. 유럽은 브렉시트라는 분열을 겪었고, 미국은 정치적
양극화가 심화되고 있다. 특히 트럼프 대통령 당선 전후에서 시작
된 진영 간 극한 대립 상황은 그동안 미국이 역사적으로 경험하지
못했던 새로운 현상이기도 하다. 이처럼 민주주의의 모범국가로
자리매김하고 있던 미국이 팬덤 정치와 정치 양극화라는 굴레에
빠진 것이다. 이러한 전 세계적인 정치 양극화 현상은 코로나 19로
인한 사회적 격리 상황이 더해지면서 더욱 악화되었다.

　이러한 정치 양극화에 대한 우려가 잘 분석되어 있는 두 권의
책은 스티븐 레비츠키와 대니 얼 지블랫이 쓴 『어떻게 민주주의는

* 출처: 데일리안(https://m.dailian.co.kr/news/view/829566/), 2019.9.28.

무너지는가*How Democracies Die*』와 에즈라 클라인이 쓴 『우리는 왜 서로를 미워하는가*Why We're Polarized*』라고 할 수 있다.

먼저 스티븐 레비츠키와 대니 얼 지블랫은 여러 국가를 비교하여 극단적 포퓰리스트들이 정권을 잡은 뒤 어떻게 민주주의를 파괴하는지를 보여 주었다. 이들은 베네수엘라의 차베스와 트럼프 등을 독재자의 대표 사례로 제시했다. 그리고 이러한 포퓰리스트에 의한 민주주의 파괴를 막기 위해서는 헌법 같은 제도보다는 경쟁자를 인정하는 '관용' 그리고 권력이나 제도적 권리를 신중하게 행사하는 '자제(Institutional forbearance)'가 중요하다고 주장했다. 이러한 상호 관용과 자제라는 미덕이 포퓰리즘으로부터 민주주의를 보호할 수 있는 가드레일이라고 하였다.

두 번째 책의 저자인 에즈라 클라인은 언론 혁신의 대가답게 다양한 경험과 현장 인터뷰를 기초로 정치 양극화를 파헤쳤다. 그는 정치 양극화를 한 인물을 악으로 단정 짓지 않은 채 분석했다. 즉, 트럼프를 악으로 규정하는 대신 '시장을 민첩하게 읽은 마케터'일 뿐이라며 정치적 양극화를 분석했다. 그는 트럼프가 아닌 어떤 인물이 나오더라도 양극화에는 계속 속도가 붙을 수 있다고 주장했다. 한 사람이 단순히 싫다는 이유로 다른 후보에게 표를 행사하는 '부정적 당파성'이 지난 50년간 지속되고 있다는 점을 내세웠다.

클라인은 제도보다 중요한 것이 양극화를 해소하려는 개인의 각오라고 했다. 민주당이냐 공화당이냐 하는 이분법보다는 '공정한 사람', '동물 권리 옹호자', '기독교인'과 같은 다양한 정체성에 주목함으로써 정치 양극화를 이용하려는 포퓰리스트로부터 벗어나야 한다고 주문했다.

팬덤 정치 혹은 정치 양극화와 같은 극단적 분열을 극복하는 방안을 심도 있게 논의한 최근의 책으로 피터 콜먼의 『분열의 시대, 어떻게 극복할 것인가: 혐오와 갈등을 증폭하는 정치적 양극화로부터 벗어나는 방법』에 주목할 필요가 있다. 콜먼은 컬럼비아대학교에서 오랜 기간 평화 및 갈등을 연구한 이 분야 최고의 전문가로서 분열의 원인과 함께 현실적으로 시도해 볼 만한 대안을 제시하고 있다.

그는 분열은 다양한 원인에서 비롯되었다는 점을 인정하고 여러 원인이 갖는 상호 영향을 복잡계적 특성으로 파악할 것을 주문했다. 분열과 갈등을 야기하는 여러 원인의 역학 구조를 파악하고, 이를 해소하고 재정립하는 것이 필요하다고 주장한 것이다. 그는 이렇게 분열의 원인을 체계적으로 파악하고 분석할 때 비로소 정치적 양극화를 벗어날 수 있다고 강조했다.

콜먼이 책에서 소개한 인디언 체로키 부족의 오래된 이야기가 흥미롭다. 체로키 부족의 장로가 손자에게 두려움, 분노, 시기, 탐욕, 오만이라는 한 마리의 늑대와 기쁨, 평화, 사랑, 희망, 친절, 관대, 믿음이라는 다른 한 마리의 늑대가 사람들의 마음속에서 싸우고 있다고 했다. 이를 들은 손자가 어느 늑대가 이길 것인지 묻는데, 인디언 장로는 손자에게 "네가 먹이를 주는 늑대가 이긴다"고 대답한다. 콜먼은 이 이야기를 소개하면서 현대를 사는 우리도 스스로 분노하고 두려워하면서 분노의 늑대에게 먹이를 주고 있다고 꼬집었다. 끊임없이 상대를 경멸하면서 자신은 옳다고 확신한다. 그리고 이를 주변까지 점점 물들인다. 이처럼 우리 내부에서 폭력적인 늑대가 강하게 작용하면서 희망의 늑대는 결코 나타날 수가 없다는 것이다.

그는 오늘날같이 복잡한 분열과 갈등에서는 소통과 교류가 자칫 상황을 악화시킬 수 있음을 경고한다. 그는 오히려 갈등의 지형 자체를 바꿀 것을 주문한다. 친절한 늑대를 살려내자는 것이다. 더 정의롭고 관대한 곳으로 향하는 것에 우리의 에너지를 집중하자고 주장한다. 이러한 콜먼의 처방 자체가 다소 비현실적이고 소극적이라는 비판을 받을 수는 있다. 하지만 섣부른 소통보다는 사회 전반적으로 정의와 관용에 대한 보다 근본적인 관심이 생기도록 차분히 시간을 갖고 노력하자는 것으로 해석할 수 있다. 정치 양극화를 정치적으로 해결하기보다는 시민의식과 양심을 화두로 사회를 정상화하는 노력이 선행되어야 한다는 의미일 것이다.

여기서 소개한 세 권의 책에서 다루고 있는 정치적·사회적 양극화는 우리에게 더욱 심각하게 나타나고 있다. 더 큰 문제는 해결의 실마리가 좀처럼 보이지 않고 있다는 데 있다. 기존의 분열과 갈등이 해소되지 못한 상태에서 이러한 팬덤 정치가 덧붙여짐으로써 더욱 해결이 어려워졌기 때문이다. 더구나 우리 정치가 가지고 있던 후진성과 편협성이 문제 해결을 더욱 어렵게 하고 있다.

입법, 사법, 행정의 삼권에 대한 국민의 불신이 극에 달해 있다는 점도 우리가 처한 심각한 현실이다. 진영에 갇혀 어떤 정치·사회적 규범이든 자신에게는 유리하게, 상대에게는 불리하게 해석하고 비판하는 풍토에서는 서로를 이해하는 시도가 결코 일어날 수 없다. 그래서 콜먼의 해법과 같이 정의와 관용에 관심을 키워 정치 양극화라는 분열에 대한 관심이 떨어져 나가도록 하는 것이 필요하다. 이어서 이야기하는 '양심'이 시민의식운동, 나아가 사회운동의 주요한 화두가 되는 이유이기도 하다.

5.   양심사회

논의를 계속 진행할수록 점점 더 심각해지고 해법은 보이지 않는 정치 양극화를 이렇게 해서 바로잡을 수 있고 또 바로잡아보자고 제안하는 것은 필자 능력 밖의 일이다. 그래서 그저 양심에 호소하는 데 그칠지도 모를 일이다. 그래도 현시점에서 필자가 분명하게 호소할 수 있는 것은 보다 많은 사람에게 진실의 우수함과 편함을 알려 주어야 한다는 것이다. 진실을 말하고 행하는 양심을 되찾자는 것이다.

노정태는 『불량정치』에서 철학자로서 그동안 우리 정치를 목격하면서 우리 정치가 얼마나 불량해졌나를 설명했다. 그중에서 다음은 우리에게 뼈아프게 다가오는 현실 설명이자 해법이다.

"거짓말쟁이를 추궁하면 계속 거짓말을 한다. 그래도 끝까지 물어보면 나중에서 의심당하는 자신이 불쌍하다는 것으로 피해자 행세를 하거나 되레 화를 내는 경우도 있다. (중략) 가장 중요한 것은 결국 '진실'이다. 설령 그 진실이 아프고 '우리 편'에게 당장 이익이 되지 않는다고 해도 거짓이 아닌 진실을 택해야 한다. 너무 뻔하고 식상한 말처럼 들릴지도 모르겠지만, 거짓은 진실을 이길 수 없다."

노정태의 주장처럼 사후에라도 거짓이 거짓임을 반드시 밝혀내 알려 주는 것이 필요하다. 거짓을 사후적으로 판별해서 책임을 묻는 과정이 생략되거나 관심이 없어지면 많은 사람이 거짓에 대한 거리낌이 없어진다. 나아가 진실을 말하고 행하고자 하는 사람들이 주저하게 된다. 자신의 진실이 거짓을 일삼는 다수에 의해 손해를 보게 된다는 우려가 생기기 때문이다. 거짓에 대한 대가가 분명할 때 비로소 진실이 움트기 시작하는 것이다. 그래야 진실을 말하고 행하고자 하는 양심이 작동하게 된다.

도덕적 면허 효과(Moral Licensing)라는 용어가 있다. 밀러와 에프론(Miller and Effron)은 2010년 논문인 「심리적 면허: 언제 필요하고 어떻게 작동하나?」에서 도덕적 면허 효과를 다음과 같이 정의했다.

"한때 자신의 자존감과 명성을 위해 선한 행동을 했던 사람이 이와는 모순되는 비도덕적이고 비윤리적이며 문제가 되는 행동을 하면서 마치 이렇게 행동해도 무방하다고 생각하는 현상(a phenomenon whereby people who do something good for their self-esteem or reputation subsequently feel licensed to engage in behaviors that are immoral, unethical, or otherwise problematic, even if those behaviors contradict their prior good behavior)."[*]

강준만은 『강남 좌파 2』에서 팬덤형 정의파들의 '내 멋대로 정의'를 설명하면서 이러한 도덕적 면허 현상은 정의를 빙자한 악플과 같이 사이버 공간에서 두드러지게 나타난다고 했다. 그리고 윌리엄 맥어스킬(William MacAskill)이 『냉정한 이타주의자』에서 지적한 것을 인용했다.

"도덕적 면허 효과는 사람들이 실제로 착한 일을 하는 것보다 착해 보이는 것, 착한 행동을 했다고 인식하는 것을 더 중요하게 여긴다는 점을 보여 준다."

이처럼 거짓을 말하고 행하며 비도덕적인 행동을 하고도 양심

[*] 「Psychological License: When It Is Needed and How It Functions」, in the journal 'Advances in Experimental Social Psychology' in 2010

의 가책을 느끼지 않는 도덕적 면허 의식을 가진 자들이 많을수록 우리 정치 양극화는 치유되기 힘들 것이다. 그렇기에 양심정치를 오래전부터 주창해 온 윤홍식의 활동에 주목할 필요가 있다. 그는 동서양 인문학의 핵심을 참신하면서도 알기 쉽게 유튜브를 통해 알리고 있는 인기 있는 철학자이자 양심경영 전문가이다.

윤홍식은 『양심정치: 양심이 승리하는 세상』에서 정치란 결국 국민의 양심을 만족하게 하는 것일 수밖에 없음을 일깨우고, 국민이 스스로 양심을 각성하고 나서서 양심정치를 실현할 것을 주장했다.

> "양심적 리더가 통치할 때에는, 제도가 군주제이든 민주제이든지에 상관없이 국민들이 대접을 받았고, 양심적이지 않은 리더가 통치할 때에는 시대와 제도를 불문하고 백성들이 착취를 당한다는 것이 역사의 기본 공식입니다. 그러니 '민주주의'라는 제도만 믿고 안심해선 안 된다는 것입니다."

> "문제의 직접적인 원인은 다양할지 몰라도 근본 원인은 오직 하나, '비양심'입니다. 모든 문제의 원인은 비양심, 즉 우리의 '편견과 아집'입니다. 자기 생각에 빠져 있는 '편견' 그리고 자기 욕심을 우선시하는 '아집' 말입니다. 나만 좋으면 일단 계속하

고 싶은 그 마음이 모든 문제의 근본적인 원인이에요."

"이념은 선악을 제시하지는 못합니다. 선악을 제시해 줄 수 있는 것은 '양심'입니다. 인간이라면 누구에게나 양심이 있기 때문에, 진보든 보수든 널리 모두에게 이로운 양심적인 길을 갈 때는 국민이 잘했다고 하고, 자기들만 살려고 할 때는 악이라고 비난하는 겁니다."

"국민의 양심적 집단지성은, 정확한 정보만 주어지고 특정 정치집단의 세뇌에 빠지지만 않는다면, 얼마든지 스스로 합리적 판단을 해낼 수 있습니다. 따라서 정치인이 해야 할 가장 중요한 일은, ① 국민 양심의 각성을 돕고, ② 국민의 양심적 판단을 돕는 정확한 정보와 의견을 제공하는 것입니다. 그리고 ③ 국민의 양심적 판단을 현실화하는 것입니다."

윤홍식의 양심정치가 근본적이고도 현실적인 대안이 될 수는 없다. 앞서 논의되었듯이 지금 우리가 겪고 있는 분열과 갈등은 결코 단순하지 않기 때문이다. 그렇지만 분열의 복잡한 원인을 체계적으로 파악하고 이를 극복하기 위해서는 오히려 원점 혹은 기본으로 돌아갈 필요가 있고, 여기에는 양심이 있다. 한 사람 한 사람의 양심이 모여 양심세력이 되고 이러한 양심운동이 양극에 있는 자들 간 소통을 통한 해결보다 더 효과적일 수 있다.

　　도덕적 면허를 갖고 거짓을 정당화하면서 서로에 극단적으로 대립하는 상황에서 진영과 상관없이 조금씩 일어나는 양심세력의 동력이 필요할 수도 있다. 그래서 오적과 신 오적이 되어 버린 우리 양 진영의 국민들이 하나하나 양심세력으로 규합하면서 오웅이 될 때 비로소 우리의 극한 갈등과 분열이 바로잡히게 되고 이는 G3로 나아가는 도약의 발판이 될 것이다.

5부

G3로 가는 길

오적이 오웅이 되는 과정에서, 우리는 현재 가지고 있는 역량과 기회를 최대한 살려서 G3로 가기 위해 추진해야 할 과제를 살펴볼 필요가 있다. 먼저 앞에서 논의했던 IT, 한글 그리고 한류를 융합하여 세계를 경제적으로 그리고 문화적으로 주도해 가는 방안을 모색해야 한다. 그뿐만 아니라 우리가 갖춘 창의성을 바탕으로 새로운 산업과 시장을 창출하는 것과 통일한국의 기회를 활용하는 방안을 모색하는 것도 중요하다. 우리 앞에 놓인 걸림돌을 치워 가며 이 과정을 더욱 원활하게 추진하기 위해 정치개혁과 정부개혁의 방향을 살펴보도록 하겠다.

1.   한글+IT+한류의 자산

우리가 가진 한글이라는 위대한 자산을 IT 강국이라는 우리 위상과 접목하면 G3로 가는 데 새로운 기회가 열릴 것이다. 이러한 기대는 한류 확산을 계기로 더욱 현실화되고 있다. 이제 '한글+IT+한류' 삼자의 시너지 효과를 어떻게 극대화할 것인가를 살펴볼 필요가 있다. 금속활자를 세계 최초로 발명한 첫 번째 기회와 위대한 한글을 만들어 낸 두 번째 기회를 살리지 못한 우리가, 이제 정보화 시대에서 우리의 기술력과 한류라는 문화적 힘을 한글과 함께 살려 가는 세 번째 기회를 맞이하고 있다.

중국어 워드프로세서를 개발하자

세 번째 기회를 살려 G3로 향하는 첫 번째 과제가 바로 한글을 기반으로 하는 중국어 워드프로세서의 개발과 보급이다. 나아가 문자가 없는 국가와 국민들에게 한글을 보급하고 세계문자박물관을 설립하여 문자를 매개로 세계 모든 국가의 소통과 역사발전이라는 과업을 우리가 주도할 수도 있을 것이다.

표음문자로서의 한글이 세계 역사상 가장 우수하고 과학적인 문자임을 깊이 인식하면, 우리가 이 한글을 세계에 그리고 인류 역사에 이롭게 활용할 수 있게 될 것이다. 한글은 모든 소리와 전 세계 모든 언어를 가장 빨리, 쉽고 정확하게 표기할 수 있다. 오래전 어느 방송에서 한 실험을 했다. 소설『어린 왕자』한 장을 워드프로세서를 활용해 한·중·일의 자국어로 각각 타이핑하는데, 한국은 10분이 걸린 반면 중국과 일본은 70분 이상 걸렸다는 결과가 나왔다.

한자라는 표의문자를 사용하는 중국은 병음 표기법을 사용한다. 워드프로세서에 단어 발음을 알파벳으로 타이핑하면 동일 발음을 가진 한자들이 화면에 나타나는데, 그중 의도한 한자를 선택하면 되는 방식이다. 알파벳을 치고 수십 개의 한자 중 내가 원하는 한자를 찾아내야 하는 만큼 많은 시간이 소요된다. 일본어의 경우, 한자와 함께 히라가나와 가타카나를 섞어 쓰는 과정이 있어 타이핑이 더 번거롭다.

표음문자인 영어의 경우 오랜 역사로 이어져 왔지만, 문자로서는 쇠퇴했다고 알려졌다. 예외가 많기 때문이다. 학교를 뜻하는 'School'이라는 영어 단어의 예를 들어보자. 한글로는 '스쿨'로 표기하여 그대로 읽으면 영어권 사람들이 모두 알아들을 수 있다. 그런데 영어는 한글에서 스쿨이라는 소리 나는 단어의 표기를 Scool, Skul 등 다양한 방식으로 표기될 수 있다. 즉, 발음이 간단한 것에 반해 많은 철자를 써야 한다는 점에서 표기하는 데 시간이 오래 걸릴뿐더러 동일한 다른 발음과 헷갈리거나 예외가 있을 수 있어 부정확하기까지 하다.

이러한 점은 영어뿐만이 아닌 영어를 매개로 표기한 한자와 일본어의 경우에도 적용되어 이들 언어의 워드프로세서 사용 시간과 정확도에도 영향을 미친다.

중국은 타자기가 처음 나왔을 때 매개문자로 한글을 사용하는 것을 검토한 적이 있다고 한다. 그러나 중국인의 자존심이 오랜 기간 자신의 조공국가인 한국의 문자를 사용하는 것을 허락하지 않았고 대신, 또 다른 표음문자인 영어를 채택했다. 그런데 21세기에 들어선 지금 시점에서 돌이켜 보면 한글을 채택하지 않은 당시 결정은 잘못되었다고 할 수 있다. 얼마 전 개발된 한글을 매개로 하는 중국어 워드프로세서의 경우, 기존보다 10~20% 더 빠를 뿐만 아니라 정확도도 훨씬 개선되는 것으로 판명되었다.

EBS 한글날 특집 - 위대한 문자, 한글의 재발견 3부[*]

스마트폰 시대에 자판의 경우, 영어 알파벳보다 천지인 형식의 한글이 자판 개수도 적으면서 간편하고 빠르게 글자를 입력할 수 있다. 한글은 IT 시대 그리고 앞으로의 AI와 4차 산업혁명 시대에 가장 적합하며 제일 앞장서 선도해 나갈 수 있는 문자다. 세계에 자기 문자가 없는 민족이 많다는 사실에서도 한글이 큰 역할을 할 수 있다고 볼 수 있다. 이미 찌아찌아족에게 한글을 보급하여 성과를 거둔 바 있고, 그 외 여러 나라들로도 한글의 보급이 확대되고 있다.

이러한 관점에서 세계문자박물관을 만들어 한글이 인류사에 기여할 수 있는 역할을 강조할 필요가 있다. 그래서 최근 2023년 6월

* 출처: EBS Documentary 유튜브, 2013.12.10.

29일 인천 연수구 송도 국제도시에 국립세계문자박물관의 공식 개관을 한 것은 큰 의미를 갖는다. 국비 611억 원의 예산이 투입되어 9년의 준비 끝에 문을 연 국립세계문자박물관은 세계문자박물관으로는 프랑스, 중국에 이어 세 번째이다.

K-Pop, K-Drama를 중심으로 일어난 한류 열풍으로, 세계 각국 젊은이들이 한글 배우기에 열을 올리고 있다. 만약 중국어권과 일본어권을 중심으로 한글을 배우고, 한글을 매개로 하는 워드프로세서의 사용이 활성화된다면 한글은 아시아권의 중심 언어와 문화로 정착할 수 있을 것이다. 그렇게만 된다면 대한민국의 위상은 공고하게 유지될 수 있으며, 그 영향력 또한 전 세계로 확산될 수 있을 것이다.

2. 창조경제의 기본 뜻을 계승

창조경제는 박근혜 정부가 내세운 경제 패러다임이었다. 그러나 탄핵과 함께 창조경제는 비판의 대상이 되었다. 심지어 창조경제라는 용어 자체도 금기시되다시피 했다. 그러나 창조경제의 기본 개념과 방향은 결코 비판의 대상이 아니라 이어 가야 마땅하다.

박근혜 정부는 출범 이후 국가발전과 국민행복이라는 두 가지축으로 창조경제와 문화융성을 추진했다. 창조경제는 패러다임 전환으로 과학기술 등 모든 분야에서 상상력과 창의성에 기반을 둔융합을 촉진하고, 이를 통해 새로운 성장동력, 새로운 시장, 새로운일자리를 창출하는 것이다. 경제체질을 기존의 추격형, 모방형 경제에서 선도형 경제로 바꾸고, 경제성장률과 양적 성장에 집중하던 것을 고용률 중심, 사람 중심으로 바꾸어 지식기반의 지속가능한 중장기 성장을 이끄는 것이다.

창조경제는 기존의 발상으로는 도저히 이룰 수 없는 것을 100 명 중 1명이라도 성공하면 그 성공의 결과로 얻는 이득을 100명에게도 나눠 주고도 10배가 남을 수 있는, 말 그대로 한 번 성공하면 폭발적인 결과를 만들어 낼 수 있다. 예를 들면, 내비게이션은 20년 전에는 전혀 없던 시장으로 일자리도 '0'이었지만, 지리 정보와 GPS 기술, 자동차 산업과 융합되었고, 이제는 스마트폰으로까지 확장되어 기존의 없던 시장이 새롭게 만들어지고 수십만 개의 일자리도 창출된 것이다.

따라서 오늘날 4차 산업혁명 시대에 걸맞은 경제패러다임이 바로 창조경제인 것이다. 특히, 첨단 과학기술 및 ICT를 기반으로 한 융합적·창의적인 경제를 창출하고, 이를 운용하는 방식으로 우리가 가진 역량을 최대한 살릴 수 있다는 점에서도 G3로 가는 데 중요한 요소라 할 수 있다.

창조경제를 추진하기 위해 2015년에 전국 17군데 창조경제 혁신센터를 만들어 대기업과 지자체가 협업하도록 했다. 센터 개소후 센터에는 벤처기업과 젊은이들의 창업 아이디어들이 모였고, 창조경제혁신센터의 지원을 받은 다수의 스타트업 기업들이 세계가 인정하는 성과를 도출해 내고 있다. 더 나아가 사우디아라비아와 브라질에 이 창조경제혁신센터 모델을 수출하기도 했다(2015년).

창조경제는 해외 순방 시에도 그 위력을 발휘해 정상회담과 그 외 방문국가에서 이루어지는 비즈니스 포럼, 기업 간 1대1 협상에서도 회자되며 한국의 위상을 높이는 데 기여했다. 그리고 프랑스·온두라스·중국·불가리아·뉴질랜드 등의 국가와는 창조경제 MOU 체결(2015년)을 하기도 했다.

3.   G3 진입의 기회,
　　　통일과 통일준비

　　G3로의 여정에 통일이라는 대역사는 반드시 존재할 것이다. 통일은 피해 갈 수도 없을 뿐만 아니라 꼭 필요한 과정이기도 하다. 무엇보다 통일을 잘 준비하면 G3로의 여정이 순탄하다는 것은 분명하다. 더 나아가 대박 수준으로까지 가능한 것이 통일일 수도 있다.

　　그동안 우리는 통일을 비용으로 보는 측면이 강했다. 독일 통일의 사례에서 보았듯이, 오랜 분단과정에서 형성된 경제적·사회적 격차를 해소하는 데는 상당한 비용이 발생하기 때문이다. 그런데 우리가 이러한 비용을 충분히 인식하고 대비하면서 통일이 가져올 엄청난 편익을 최대한 살릴 수 있다면, 통일은 그야말로 G3로의 과정을 앞당기는 계기가 될 것이다.

'통일이 기회'라고 말하는 이유는 분단상황과 한반도 긴장상황이 해소되면 증대하게 될 외국인 투자와 북한의 천연자원 개발과 활용 등 많은 편익이 존재하기 때문이다. 그러므로 통일 재원 마련 논의의 중심을 통일 비용에서 통일 편익으로 전환할 필요가 있다. 내가 지출해야 하는 비용도 있지만, 얻어지는 편익도 크다고 인식할 때 비로소 사람들은 비용 부담에 동조하고 참여할 것이다.

그렇다고 통일 비용을 걱정하지 않아도 된다는 것은 아니다. 통일 비용은 통일 편익보다 먼저 발생하기 때문이다. 그래서 통일 후의 편익을 고려하는 동시에 국민들의 부담을 최소화하는 몇 가지 통일 비용 마련 방안을 제시해 본다.

첫째, 국민부담을 최소화하기 위해서는 우선 각종 제도를 통일에 대비하여 사전에 정비해서 미래에 발생할 비용을 충분히 줄여야 한다. 독일의 경우 통일 비용의 반 이상이 복지 부분에서 발생했고, 또 복지비용 중에 반 이상을 연금지급에 사용했다. 그래서 우리는 미리 연금제도 등 각종 복지제도를 통일에 대비해 정비하는 것이 중요할 것이다. 지금의 제도를 유지한 채 통일을 맞는다면 북한 주민들에게 지급해야 할 복지비를 감당하기 힘들지도 모르기 때문이다. 북한 주민들에게는 돈을 주는 복지보다 일하는 능력을 배양하는 복지 서비스가 더욱 필요할 수 있을 것이다.

둘째, 본격적인 남북협력이 이루어지면 민간자금을 통한 재원 조달 비중을 증대해 나가야 한다. 민간 재원을 효과적으로 활용함으로써 재정부담을 경감할 수 있기 때문이다. 사실 통일이 된 후에 발생할 각종 SOC 사업들은 국내외 기업들에게도 투자가치가 있는 좋은 사업 기회이다. 나아가 국제기구를 활용한 재원 조달 방안도 적극 강구할 수 있을 것이다.

셋째, 사전 제도정비와 국제기구와 민간자금 동원으로도 부족한 통일 재원은 조세와 채권 발행을 통해 조달 가능할 것이다. 그런데 통일 비용과 편익의 계산과 재원 분담 방안 모색에는 현재 세대와 미래 세대가 갖게 될 편익과 비용이 다르다는 점에서, 반드시 세대 간 형평성을 고려해야 한다. 필자는 강의에서 학생들에게 질문을 던지곤 했다. 통일 비용을 부담해야 한다면 통일세와 통일채권 중에 무엇이 좋겠냐고 하면 과반수가 통일세는 싫다고 대답한다. 하지만 채권 발행에 따르는 궁극적인 부담은 젊은 세대가 지게 되기 때문에 20세 이하 세대들의 부담을 줄이기 위해서는 통일채권보다는 통일세가 더 유리하다. 단순히 '통일을 하자'는 형식적인 주장을 국민에게 밀어붙이는 것이 아닌, 국민에게 통일에 대해 친절히 설명해 가는 공론화 작업이 선행되어야 할 것이다.

통일은 분명 우리 대한민국의 역사와 국민에게는 절호의 기회다. 세계에서 통일한국의 위상을 드높일 기회와 동시에, 남북한 국민 한 명 한 명에게는 엄청난 편익을 가져다주는 기회가 될 수 있다. 그래서 통일은 즐겁게 준비해야 마땅하다.

〔계산논단〕 우리의 소원은 통일?*

"우리의 소원은 통일, 꿈에도 소원은 통일~" 머릿속에 그려보고 입술로 살짝 따라 부르기만 해도 늘 가슴 뭉클해진다. 그런데 지금 20대 이하 젊은 세대에게는 통일이 소원이 아닌 것 같다. 우리끼리 살아가기도 힘든데 서로 다른 생활과 생각을 오랜 기간 해 온 북한 주민과 함께 살아가는 상황 자체에 거부감을 느끼고 있기 때문이리라. 그래서 이들에게 통일은 소원이 아니라 부담이다.

이명박 대통령은 8.15 경축사에서 '통일세'를 이야기했다. 그런데 여론의 강한 비판을 받은 뒤 지금은 더 이상 국민을 향한 설득이 없는 상황이다. 남북분단 상황을 균형상황으로 인식하고 이 균형에서 이탈하는 것에 대한 거부감이 강한 세대들을 겨냥해서 통일의 필요성을 아무리 설득하려 해도 현재로썬 가능해 보이지 않기 때문일 것이다. 천안함 사건 이후 혹시 전쟁이 일어나는 게 아닌가, 라는 두려움마저 느낀 젊은 세대들에게는 북한을 건드려서 자극하지 말고 그저 조용히 우리끼리 잘 살았으면 하는 간절함마저 생겨난 터이다.

통일에 대한 거부감이 이 정도인데 통일 비용을 분담하자는 통일세에 대한 저항은 훨씬 더 클 수밖에 없다. 통일 자체가 싫은 이들에게 통일 비용까지 부담하라고 하니 그저 놀라고 화날 따름일 것이다. 그래서 이제는 통일이 우리에게 과연 무엇인가에 대해 차분히 이야기할 때이다.

첫째, 통일은 아무리 피하려 해도 피할 수 없는 우리 젊은 세대들이 안고 가야 하는 숙명이라는 사실을 이들에게 일깨워줘야 한다. 우리 젊은 세대들이 통일을 숙명으로 받아들일 때 비로소 통일이 가져오는 비용과 편익에 대한 관심이 생기

* 출처: 매일신문, 2010.11.1.

게 되는 것이다.

둘째, 통일은 비용보다 더 클 수 있는 편익도 가져온다는 사실을 알게 해야 한다. 통일은 우리에게 막대한 비용을 가져오므로 이를 감당하기가 힘들 것이라는 두려움보다 통일이 가져올 편익을 보여 주어야 한다. 통일이 가져올 최대의 편익은 남북대치 상황에서 지불하던 국방 비용의 대폭 감소다. 이 국방 비용의 감소에는 병역 의무도 큰 비중으로 차지하고 있다. 징병제가 아닌 모병제로 전환하게 되어 젊은 세대들이 인생에서 가장 큰 짐으로 여겨 왔던 병역 의무를 하지 않아도 되는 것이다. 그 외에도 북한이 갖고 있던 각종 자연자원과 넓은 국토는 통일 한국의 신성장 동력의 한 축을 형성할 수도 있다. 이 모든 편익을 고려하면 통일은 우리 젊은 세대들에게 부담이 아니라 축복일 수도 있다.

셋째, 통일 비용을 제대로 계산해서 보여 주어야 한다. 지금까지 이루어진 수많은 통일 비용 추계연구에 의하면 통일 비용은 작게는 70조 원에서 많게는 2천조 원에 이른다. 북한 경제가 남한의 80% 수준으로 가도록 하는 데 드는 비용이나 북한 경제가 통일 이전에 비해 2배 증가하는 데 드는 비용 등등의 가정하에 추계된 수많은 통일 비용 금액들이 돌아다니고 있다. 그런데 이런 통일 비용의 추계는 전혀 도움이 안 된다. 예를 들어 통일 비용 추계의 기준으로 내세운 남한 GDP의 80%의 근거가 무엇인가? 남한의 50% 수준은 왜 안 되나? 제대로 통일 비용을 추계하고 이를 제대로 활용하려면 통일 후 발생할 각종 비용을 항목별로 정리하는 것이 중요하다. 이러한 각종 비용 항목들에 대한 별도의 재원 조달 방법을 찾는 것이 더 필요하기 때문이다.

넷째, 통일 정책을 장기적으로, 그리고 과학적으로 잘 만들어야 한다. 통일에 대비한 정책은 최고 수준의 불확실성을 안고 있다. 통일 시점과 통일 방식이 불확실하기 때문이다. 특히 재원 조성과 이의 지출 간에 시차가 존재할 뿐만 아니라 재원 부담을 하는 국민과 통일로부터 혜택을 받는 국민이 다를 수도 있다. 그래서 다른 어떤 정책과도 다른 접근이 필요한 것이 바로 통일 정책인 것이다. 장기적인 시각을 갖고 포퓰리즘을 배격하고 정권을 초월한 상태에서 제대로 만들어야 하는 것이다.

다섯째, 통일 재원을 마련하는 방법을 찾는 데 있어서 철저하게 다양한 부담

주체 간의 균형이 이루어져야 한다. 정부와 민간 간의 재원 부담 균형뿐만 아니라 세대 간 부담 균형도 이루어야 하는 것이다. 통일 재원을 조달하는 데 있어서 세금과 채권 발행과 같은 정부가 맡은 조달만 있는 것이 아니라 북한 투자펀드를 만들어 국내외 자본을 유치하는 민간의 재원조달 참여도 가능한 것이다. 또 정부가 시도하는 재원 부담은 반드시 현세대와 미래 세대 간의 형평성 문제를 가져온다는 점에서 이에 대한 투명한 공개 과정이 필요하다.

우리의 소원이 우리 모두의 통일이 될 수 있도록 세대 간 소통과정이 무엇보다 중요한 시점이다.

2010.11.1.

안종범(성균관대 경제학과 교수)

4. 정치개혁

    G3로의 여정에 있어 우리의 정치가 큰 걸림돌 중의 하나라는 점은 이미 충분히 논의되었다. 우리 정치가 이처럼 비난받게 된 중심에는 선거가 있다. 대통령선거, 국회의원선거, 그리고 지방자치선거 등의 선거에 정치가 매몰되면서 국민들을 편 가르기하고, 또 불만을 가지게 하며 실망하게 만드는 과정을 반복해 왔다.

    동네 이장, 대학총장 할 거 없이 선거가 한번 있고 나면 어김없이 사람들은 편을 나눠 싸우고 그 후유증은 아물지 않고 더 깊어만 가는 현상은 우리 사회에 뿌리내린 패거리 문화에서 비롯되었다 하겠다. 또한, 선거가 끝난 뒤 이긴 자가 진 자에게 다가가서 껴안는 과정 없이, 늘 새롭게 대립하며 그 갈등의 골이 깊어만 가는 것이 우리 사회 그리고 정치에서의 고질병이 된 지 오래다. 선거에서

파생된 이러한 고질병을 고치기 위해서는 어떤 처방이 필요할까?

먼저 선거가 이처럼 갈등과 왜곡의 원인이고 바로잡기가 힘들다면, 그 횟수를 줄이는 방법이 최선이다. 헌법개정이 필요하지만, 공감대만 형성된다면 대선, 총선 그리고 지방선거의 주기를 조정하여 4년에 한 번씩 치르게 하면 된다. 지금처럼 1~2년에 한 번씩 치러지는 선거의 횟수를 줄이면, 선거라는 걸림돌을 한층 가볍게 할 수 있을 것이다.

이처럼 정치 때문에 심각하게 왜곡되어 만들어진 정책들은 한 번 확정되고 나면 그 부작용이 훗날 심각하게 나타나더라도 그 원인을 제공한 당사자들에게 책임을 물릴 방법이 없다는 것도 문제다. 우리 국민들이 쉽게 잊기도 하지만, 문제가 되는 정책을 누가, 언제, 어떻게 구체적으로 만들어 냈는지 파악하기가 쉽지 않기 때문이다.

그래서 모든 정책 결정은 그 과정이 투명하고 명료해야 한다. 입안단계에서 확정·시행에 이르기까지 가급적 그 내용이 널리 알려져야만 국민의 정책에 대한 예측가능성이 보장된다. 따라서 초기의 정책입안과정에 개입한 부처 공무원이나 국회의원들의 실명을 공개하고, 이 정책안이 협의되는 과정에서 수정되는 구체적인 내용을 기록으로 남기는 것이 중요하다. 이른바 '정책실명제'의 실시가 필요한 것이다.

대통령중심제하에서 아무리 정부의 역할이 중요하더라도, 입법기관은 정책수요자인 국민의 입장에서 최종적으로 정부안을 심의하는 중대한 역할을 담당하고 있다. 그런데 우리의 국회심의과정은 정부에 대한 힘의 과시를 심의 역할로 착각할 정도로 정책심의 능력이 낮은 수준에 있다. 국회상임위의 심의과정에서나 국정감사과정에서 심의대상이 되는 정부안에 대한 정치, 경제, 사회적 이해관계를 객관적으로 파악하는 노력이 결여됨으로써, 정책의 왜곡현상이 발생하는 사례가 많다.

이는 국회의 정책기능이 정부의 정책입안기능에 비해 상대적으로 뒤떨어지고 있기 때문이다. 국회의원이 국회심의과정에서 심의대상이 되는 정책 관련 각종 자료를 요구한다 하더라도, 이를 철저히 분석할 수 있는 시간적 여유나 능력이 없는 실정이다. 이는 국회심의과정에서 잘못된 정부안의 문제점을 제시하지 못한 채 통과시킬 수도 있다는 의미이자, 잘된 정부안을 왜곡시킬 수도 있다는 것을 뜻한다.

따라서 권위적인 정부안이건, 의원입법안이건 국회에서의 심의

과정은 현행보다 심층적이고 장기적일 필요가 있다. 정책수요조사 단계부터 공청회에 이르기까지 국회상임위원회 중심으로 관여하는 것이 바람직하며, 이를 통해 정책안의 최종심의단계를 각 단계에서의 각종 기록을 이용하여 효율화할 수 있을 것이다.

국회에서의 정책심의과정과는 별도로 정책집행기관의 경우, 정책수요단계부터 정책결정과정 전체에 대한 정확한 이해를 바탕으로 정책목표를 최대한 달성하도록 집행해야 한다. 정책이 결정되고 집행되면 집행을 책임지는 행정기관에서는 정책수요에 기초한 정책목표와 어느 정도 부합하는지 사후적으로 철저히 평가해야 하고, 이러한 평가가 향후 유사한 정책수요 조사단계부터 반영되어야 한다.

우리의 경우, 정치적 왜곡을 바로잡는 노력에서 국회의 취약한 예산심의과정을 개선하는 것이 무엇보다 중요하다. 따라서 정부의 예산편성에서부터 국회의 예산심의 및 결산심사까지 전 과정의 근본적인 개선이 요구된다.

첫 번째 과제는 예산심의에 있어서 계획성과 책임성을 강화하는 것이다. 그동안의 예산심의가 얼마나 계획성이 없었는가는 매년 추경을 편성한 것만 보더라도 잘 알 수 있다. 국가재정법에 명시한 추경편성의 사유가 무색할 정도로 매년 추경편성을 했고, 때로는 연간 두 번씩 하거나 심지어 상반기에 추경편성을 했을 정도로 무계획의 극치를 보여 주었다. 이러한 빈번한 추경편성은 예산심의 당시 계획성과 책임성이 없었다는 것을 보여 주는 것으로, 예산심의의 계획성과 책임성 확보를 위한 조치가 하루빨리 마련되어야 하는 이유이다.

두 번째 과제는 예산의 사전·사후평가체제를 정비하는 것이다. 예산평가는 '계획 → 집행 → 성과 → 사후관리'에 의한 단계적 평가체계 구축이 중요함에도 불구하고, 현재는 예비타당성조사 등과 같은 사전평가에만 집중되어 있다. 즉, 사후평가가 지극히 취약해서 결산심사는 물론 예산심의에 있어서도 계속사업에 대한 심의가 효과적으로 이루어지지 못하고 있다. 특히 사후평가가 제대로 이루어지지 않을 경우, 현행과 같은 전년 대비 증가율 중심의 예산심의는 예산낭비의 근본적인 원인이 된다.

또한, 현행 평가체제하에서, 중복평가를 해소하는 것이 중요한 과제라 할 수 있다. 즉, 감사원, 기획재정부, 국무총리실, 국회예산결산위원회, 국회예산정책처, 공기업평가단, 기금평가단 등 난립한 평가기관들의 평가를 서로 연계하여 관리해야 한다. 그리고 평가 결과를 예산심의에 반영되도록 하는 환류체제(Feedback system)의 확립도 필요하다.

　세 번째 과제는 국회 예산결산위원회의 전문성과 책임성을 강화해야 한다. 현재 예산결산위원회가 상설화되어 있지만, 제대로 활용되고 있는지에 대한 의문이 제기된다. 이는 예결위의 경우, 여전히 특별위원회로 되어 있어서, 소속 의원들이 평상시에는 각자의 상임위 활동을 우선시하고 있기 때문이다. 따라서 예결위를 상임위원회로 전환하는 것이 절실히 필요하다. 지금처럼 여야의원들 모두 예결위원을 임기 내 돌아가면서 한다는 것은 전문성 문제뿐만 아니라, 책임성 측면에서도 심각한 문제를 야기할 수 있다. 국가재정 전체보다 자신의 지역구 예산에 더 큰 관심을 가진 상황에서의 예산심의는 애당초 책임성을 기대하기 어렵기 때문이다. 따라서 이를 해결하기 위한 한 가지 방안으로 예결위를 상임위로 만들고, 동시에 예결위원을 비례대표의원을 중심으로 구성하는 것이라 할 수 있다.

　아울러 예결위원의 전문성을 확보하기 위한 방안 중의 하나로 예결위 활동의 지침을 만들 필요가 있다. 즉, 각종 예산사업에 대한 심의를 시작하는 시점부터, 기존 사업의 평가결과 해석과 이를 예산심의에 반영하는 방법 등 모든 절차에서의 활동지침을 만드는 것이다.

    결산심사를 강화하는 것도 급선무라고 할 수 있다. 현재 가을 국회에서 초단기간에 이루어지는 결산심사에 대한 국민적 기대는 지극히 낮다. 결국 이러한 무관심 속에서, 결산심사는 매년 형식적으로 이루어지고 있다. 특히, 계속사업의 경우 결산심사가 제 기능을 하지 못함으로써, 예산심의도 제대로 이루어지지 못한다는 점에서 결산심사의 대폭 강화가 필요하다. 특히, 상설화되어 있는 예결위를 제대로 활용한다는 차원에서도 결산심사를 위한 계속사업에 대한 수시 점검과 사후평가가 필요하다.

    사후평가를 제대로 하기 위해서 중요한 또 한가지 과제는 국정감사를 개혁하는 것이다. 현재의 국정감사는 주어진 짧은 기간에 피감기관의 비리 들추어내기에 초점이 맞추어져 있어서 진정한 사후평가로서 이 기능을 하지 못하고 있다. 따라서 국정감사를 내실화하여 명실공히 정책에 대한 사후평가를 중심으로 과학적이고도 체계적인 감사가 이루어져야 할 것이다.

국감, 없애든지 상시화하든지[*]

18대 국회 두 번째 국정감사가 이제 막 중반을 지나고 있다. 오늘도 국회의원들은 2년 후 있을 선거에 도움이 될 실적을 올리기 위해 피감 기관장에게 열심히 호통치고 있다. 그동안 그들은 언론의 구미에 맞는 호통 메뉴를 찾느라 보좌관들과 열심히 국감 준비를 했었다. 특히 올해는 각자가 소속한 당으로부터 내려온 미션을 수행하느라 정신없이 바쁜 나날을 보내고 있다. 국감 직후인 28일에 있을 재·보궐 선거에서 유리한 고지를 점령하기 위해 여야 국회의원 모두 국감장을 선거 홍보에 활용해야 해서 그렇다. 특히 야당으로서는 정운찬 총리 인사청문회에서 못다 한 부분을 국감에서라도 소화해야 하기에 더욱 정신이 없다.

애당초 국회의원들이 국정감사를 제대로 하기에는 시간과 능력이 부족하다. 법으로 20일만 하도록 되어 있는 국정감사에서 피감 기관으로 선정된 곳이 478개에 달해서 이틀에 세 기관을 소화해야 할 정도다. 또한 기관마다 자료 요청을 한 뒤 자료가 오면 이를 분석해서 질문 요지를 만드는 작업을 하기에는 피감 기관에 비해 정보나 전문성이 부족한 국회의원으로서는 역부족일 수밖에 없다. 그래서 각종 비리나 주목할 만한 통계자료를 발굴해서 언론에 보도자료로 배포하는 것에 총력을 기울일 수밖에 없는 것이다.

1988년 국정감사가 부활된 지 이제 20년이 지났지만, 국회가 행정부를 비리가 아닌 정책으로 감시하고 개선시키는 역할을 하는 데 여전히 우리 국정감사는 문제투성이다. 그래서 이제는 국정감사의 개혁이 필요하다. 만일 이 개혁을 성공시키는 데 우리의 정치·사회 현실에 장애요인이 너무 많다면 국정감사 자체를 없애는 것도 방법이다.

국정감사 개혁을 위한 첫 번째 과제는 국정감사의 상시화라고 할 수 있다. 1년에 20일만 하는 국감보다는 상임위별로 상시로 필요한 자료를 요청하고 질의하고 따지는 '상시 국감체제'가 훨씬 더 효과적일 것이다. 만일 상시화가 단기적으로 어렵다면, 국감 시기라도 앞당겨서 1~8월 중 실시하고 기간도 20일보다 늘리는 것이 좋겠다. 이처럼 국감 시기를 앞당기게 되면 9월에 있는 결산심사에 여

* 출처: 조선일보 2009.10.13.

러 귀중한 자료를 제공할 수 있을 뿐만 아니라 다음 해 예산심의 시 기초자료로 활용할 수 있기 때문이다.

둘째, 피감 기관을 대폭 축소 조정하여 '선택과 집중'을 도모해야 한다. 상임위별로 관련 정부 부처를 국감대상으로 선정한 뒤 부처별 산하기관에 대해서는 국감과 관련된 사안이 있는 기관만을 대상으로 선정하자는 것이다. 아니면 현재의 부처 이외의 국감 대상기관 중에서 2년에 한 번씩 대상으로 선정하는 것도 방법이 될 수 있을 것이다.

셋째, 국감을 위한 준비과정과 회의, 그리고 결과 보고 등의 일련의 과정을 자료로 남기고 각종 데이터를 DB로 구축함으로써 국감의 연속성을 확보함과 동시에 정책평가와 개발에 활용해야 한다. '한 번 지나가면 끝이다'라는 생각을 행정부건 국회의원이건 하지 못하도록 모든 과정을 철저히 기록에 남기고 국감에서 나온 각종 시정 및 개선조치에 대한 반영 여부를 철저히 사후 점검하도록 하자는 것이다. 그래야 국감이 단순히 비리고발이 아닌 정책감사가 되어 정책평가와 함께 관련 공무원과 행정체계의 정책 수행능력 평가가 이루어지게 되는 것이다.

이번 국정감사가 중요한 것은 글로벌 경제위기를 극복하는 과정에서 치러지는 국감이기 때문만이 아니다. 향후 재정 건전성이 크게 문제가 될 것이라는 점에서, 모든 부처의 씀씀이를 줄이고 정책 실효성을 높이는 것이 중요하고, 이를 국감을 통해 이뤄내야 하기 때문이다. 남은 열흘 동안이라도 선거를 잊고서 정책감사에 총력을 기울이는 모습을 기대해 본다.

2009.10.13.

안종범 성균관대 교수·경제학과

5.   정부개혁

입법기관인 국회 차원의 개혁과제 못지않게 정부개혁도 중요하다. 지금까지 고속성장의 과정에서 정부가 한 역할은 지대하다고 할 수 있다. 특히 공무원들의 헌신적인 노력이 중심이 되었다. 하지만 이제 21세기, 개방화, 자유화 그리고 정보화가 자리 잡은 시대에서는 그동안의 공무원과 관료의 행태는 오히려 걸림돌이 되기도 한다. 이러한 정부에서 나타나는 부처 이기주의와 관료주의는 국민의 불신을 자아내게 되었다. 특히 부처 간 이기주의와 칸막이 문제는 정보의 독점화가 가능하지 않은 오늘날 시대에 걸맞지 않아 지양되어야 마땅한 것이다.

부처 간 이기주의가 중복되어 집행된 다양한 사업으로 인한 예산의 비효율적 사용은 물론, 사각지대의 방치와 전달체계 문제 등이 정책의 수요자인 국민에게 정책 불신과 불만을 초래하고 있다. 예를 들어, 기초생활보장제도를 기초로 한 빈곤대책은 9개 부처에서 32개 프로그램으로 진행되고 있으며, 다문화가족정책도 11개 부처에서 제공하고 있어 부처 간 중복 사업의 효율적 운영이 절실한 상황이다.

세계적 석학인 프랜시스 후쿠야마는 "한 국가의 복지와 경쟁력은 하나의 지배적인 문화적 특성, 즉 한 사회가 고유하게 지니고 있는 신뢰의 수준에 의해 결정된다"고 주장한 바 있다(프랜시스 후쿠야마, 『트러스트(Trust)』, 2022.).

또한, 후쿠야마는 "합리적이고 이기적인 개인이 반드시 경제적 효율을 극대화할 수 있는 것이 아니라 오히려 기존의 도덕공동체의 미덕을 통해 효과를 발휘할 수 있으며, 여러 사회적 자본 중에서도 사회 구성원 간의 신뢰가 경제 발전을 좌우하는 핵심 요소"라고 보았다.

신뢰는 중요한 사회적 자본인데, 부처 간 칸막이 해소가 이러한 신뢰 회복의 출발이 될 것이다. 우리가 진정한 선진국이 되기 위해 넘어야 할 마지막 관문이 바로 사회적 자본을 쌓는 것인데, 사회적 자본은 곧 신뢰사회라고 할 수 있다.

신뢰사회를 위한 첫째 과제는 공약을 지키는 것으로 시작할 수 있다. 박근혜 정부의 공약은 재원 소요와 실현가능성을 철저히 검증하여 발표한 것으로, 국민에게 약속한 공약을 지키는 것으로 신뢰사회의 발판을 마련했다. 둘째는 과거 정부의 잘못된 관행을 하나하나 고쳐 국민에게 신뢰받는 정부로 믿음을 주고, 이로 인해 정책도 더 효율적으로 실행할 수 있다.

국민들의 신뢰는 정책의 현장 반영에서 시작된다. 정책이 국민들로부터 신뢰를 받고, 국민들이 정부를 믿고 맡기기 위해서는 정책의 현장 반영이 가장 중요하다. 정책의 계획이 '10'이라면 집행을 통해 정책을 평가하고 현장에 다시 반영하는 것이 '90'의 비중이다. 이처럼 국민들로부터 신뢰받는 정부가 되기 위해서는 정책이 현장에서 반영되도록 해야 할 것이다. 이를 위해 정책의 '계획-평가-현장 반영'의 선순환 구조를 만들어야 한다.

과거 역대 정부들은 '선거 과정-인수위-정부출범 이후'까지 과제나 정책들을 나열식으로 발표하는 것에 그쳤다. 하지만 공약의 이행계획, 국정과제의 이행계획 등을 수립하고, 이를 실천하고 평가하여 보완과제를 도출하여 이를 다시 현장에 반영함으로 국민들로부터 신뢰를 얻는 것이 무엇보다 중요하다.

G3 대한민국 : K-국부론에서 길을 찾다

아울러 부처 간 칸막이를 해소하면서 국민으로부터의 신뢰를 얻기 위해서는 무엇보다 정부가 가지고 있는 정보를 개방하고 공유하여 활용하는 것이 중요하다. 그래서 개방·공유·협력을 통한 '정부 3.0'의 성공적인 정착이 중요한 과제다.

정부 3.0은 단순한 전자정부를 만들겠다는 차원이 아니라 민간과의 협치 강화, 정부 내 협업시스템 구축 등 개방·공유·소통·협력하는 새로운 미래를 선도하는 유능한 정부를 실현하는 것이다. 특히, 우리가 가진 세계 최고 수준의 정보화 기술과 정보화 의식을 활용하면 G3로의 여정에 큰 도움이 될 것이다. 여기서 정부 및 행정정보의 활용이 핵심이 될 것이다. 행정정보의 공개를 확대하고 활성화하여 투명한 정부를 구축함과 동시에 민간의 정책 참여를 도모할 수 있다.

현재 소셜 미디어 등 양방향 소통의 보편화로 대다수 국민이 국정운영 참여기회가 늘어나기를 기대하고 있다. 그래서 보다 많은 국민의 의견을 반영하기 위한 새로운 시스템이 필요하다. 민간의 다양성과 창의성이 국정현안 해결 및 정책역량 강화에 활용되는 개방적 혁신(Open innovation)을 적극적으로 추진하여야 할 것이다.

공공정보의 개방이 정부의 신뢰도 제고뿐만 아니라, 민간부문의 창의와 활력을 유도하고, 새로운 가치 창출의 기반이 되어야 한다. 정보공개를 통해 민간부문의 지식정보산업을 육성하고, 새로운 일자리 창출과 경제 재도약의 발판을 마련할 수 있다. 개방되는 공공정보는 기상, 교통, 지리, 생활편의, 시장정보, 공공시설 이용, 아동보호, 문화, 관광·레저, 재난 대비 등 국민 생활 전반에 걸쳐 활용될 수 있다.

포용과 화합으로,
과거가 아닌 미래를 보며 함께 G3로 가자

우리 국민의 피 속에는 창조적이고도 진취적인 유전자가 흐르고 있다. 우리 역사에 수많은 질곡이 있었지만, 우리 선조의 뛰어난 위기극복 능력과 단합으로 지속적으로 국가발전의 과정을 가졌고, 나아가 새로운 도약의 발판을 마련하기도 했다. 이렇게 선조들이 물려준 소중한 유산으로 21세기에 우리는 문화적, 경제적으로 세계에 엄청난 영향력을 발휘하기 시작했다.

그래서 우리는 지금까지 우리 역사에서 나타난 위대한 유산들을 분석해 보고, 우리가 더욱 도약하여 G3로까지 가는 여정을 함께 논의했다. 그 과정에서 G3로 가는 데 걸림돌이 무엇이며, 이를 치우기 위해 어떤 노력을 해야 하는지도 살펴보았다.

이 논의를 매듭지으며 G3로 가기 위한 최종 관문은 바로 포용과 화합이라는 점을 강조하고 싶다. 포용이 국가발전에 핵심적인 수단이라는 점은 MIT의 경제학과 교수 대런 애쓰모글루와 하버드 대 정치학과 교수 제임스 A. 로빈슨이 함께 쓴 책인『국가는 왜 실패하는가』에서 본격적으로 논의되고 있다.

이 책에서 저자들은 세계 역사에서 발견한 증거를 토대로 실패한 국가와 성공한 국가를 가르는 결정적 차이가 무엇인지 짚는다. 특히 주목할 만한 예가 바로 남한과 북한이다. 저자들이 한국어판 서문에서도 밝히고 있듯, "한반도에서 발생한 어마어마한 제도적 차이에 전 세계 모든 나라가 부국과 빈국으로 나뉜 이유를 설명할 수 있는 일반 이론의 모든 요소가 포함"되어 있다.

이들은 국가의 성패를 가르는 결정적 요인은 지리적, 역사적, 인종적 조건이 아니라 바로 '제도'라고 말한다. 또한, 국가의 운명은 경제적 요인에 정치적 선택이 더해질 때 완전히 달라질 수 있다고 덧붙인다. 그 결론은 바로 포용적 경제제도(Inclusive economic system)를 뒷받침하는 포용적 정치제도(Inclusive Political system)가 번영을 다지는 열쇠라는 것이다. 모두를 끌어안는 포용적인 정치 및 경제 제도가 발전과 번영을 불러오는 반면, 지배계층만을 위한 착취적인 제도는 정체와 빈곤을 낳는다.

포용적 경제제도와 포용적 정치제도가 창조적 파괴(Creative destruction)를 만들어 발전을 끌어낸다. 창조적 파괴는 부와 소득뿐만 아니라 정치권력도 재분배한다. 수탈적 체제(착취적 체제)의 지배층이 국민을 통제하기 어렵게 되는 것이다. 영국은 혁신과 투자의 유인을 제공하는 포용적인 사회로 나아갔기에 산업혁명의 꽃을 피울 수 있었다. 역사의 진보나 발전에 필연이나 예정된 운명 같은 것은 없다. 제도는 사람이 만드는 것이고, 그 제도의 포용성이 지속적인 발전에 결정적인 요인이라는 점은 변하지 않을 것이다.

이 책에서 저자들은 시장경제체제 자체가 반드시 포용적 제도를 보장하는 것은 아니라고 보았다. 공정한 경쟁의 장이 만들어지지 않으면, 시장을 지배하는 독과점기업이 혁신적인 경쟁자의 진입을 방해할 수 있다. 진정한 혁신과 창조적 파괴를 용인하는 포용적 제도가 확립되지 않으면 한 차원 높은 발전 단계로 뛰어오를 수 없다.

중국학자 이중톈은 『이중톈 제국을 말하다』에서 제도가 국가의 발전과 쇠퇴에 핵심 원인으로 작용한다고 주장한다. 진나라를 시작으로 흥망성쇠를 거듭했던 중국의 제국을 중심으로 한 정치이념, 관료제도, 법률에 이르기까지 정치 시스템을 전방위로 분석함으로써, 국가가 나아가야 할 올바른 방향을 제시하고 있다. 2천여 년을 이어온 중국의 제국 시스템을 날카롭게 분석하여 제국 제도가 어떻게 형성되고 멸망했는지를 책에서 생생하게 보여 준다.

장웨이잉의 책『이념의 힘: 중국 경제의 미래를 이끌 성장 엔진』에서도 국가발전의 기본 동력을 논의하고 있다. 그는 중국이 지난 30년 동안 이룩한 성과는 전적으로 이념의 변화 덕분이라고 강조한다. 만약 앞으로의 중국이 사상을 자유롭게 논할 수 없다면 새로운 이념의 출현과 전파가 쉽지 않을 것이고, 이에 따라 사회 전체가 변혁의 동력을 상실하게 될 것이라고 경고하고 있다. 이는 앞서 본 애쓰모그로우와 로빈슨의 주장과 상통하는 면이 있다.

중국이 포용적 경제제도를 바탕으로 지금까지 발전했지만, 포용적 정치제도를 갖지 못하면 더 이상의 발전은 힘들다고 경고하는 것이다. 그래서 장웨이잉이 내세운 국가발전의 최대 덕목 세 가지는 시장경제, 기업가 정신 그리고 세계화였다. 이 세 가지를 우리 대한민국이 지난 반세기 동안 강력하게 갖고, 또 활용해 나가고 있다는 점에서 우리의 현재 위치를 잘 설명해주고 있다.

헬조선이라는 부정적인 현상을 건전한 비판 정신으로 승화시키면서, 우리가 지금까지 이루어 낸 성과를 최대한 살려 나가는 것이 G3로 가는 지름길이자 우리에게 남겨진 중요한 과제다. 이를 위해서는 제도적, 문화적, 더 나아가 정서적으로 '포용과 화합'이라는 가치가 중요한 의미를 가진다. 바로 이 포용과 화합이 시장과 제도, 더불어 우리 국민의 마음에 확실히 자리 잡게 된다면 비로소 우리에게 G3로 가는 마지막 문이 열리게 될 것이다.

이 책은 G3로 갈 수 있다는 자신감이 기초가 된다. 이러한 자신감은 우리의 역사적 자산과 국민적 특성이 근거가 되고 있다. 이러한 근거를 바로 K-국부론에서 찾자는 것이다. 18세기 애덤 스미스가 『국부론』을 쓸 당시의 시대적 상황이 지금 21세기 우리 대한민국이 처한 상황으로 이어지고 있다. 산업혁명을 잇는 정보화 혁명으로 하드웨어적 국부가 아닌 소프트웨어적 국부를 형성할 수 있다는 것이다.

이제 대한민국은 이 K-국부론을 갖고 G3로 가는 길에 서 있다. 포용과 화합을 바탕으로 과거가 아닌 미래를 보며 함께 나아가는 길목에 서 있는 것이다.

참고문헌

- 강준만, 『강남 좌파 2: 왜 정치는 불평등을 악화시킬까?』, 인물과사상사, 2019.11.
- 국사편찬위원회, 승정원일기 홈페이지(http://sjw.history.go.kr/main.do)
- 국사편찬위원회, 조선왕조실록 홈페이지(https://sillok.history.go.kr/main/main.do)
- 김석동, 『김석동의 한민족 DNA를 찾아서』, 김영사, 2022.11.
- 노정태, 『불량정치: 우리가 정치에 대해 말하지 않은 24가지』, 인물과사상사, 2021.8.
- 대런 애쓰모글루, 제임스 A. 로빈슨, 『국가는 왜 실패하는가』, 최완규 역, 시공사, 2012.9.
- 스티븐 레비츠키, 대니 얼 지블랫, 『어떻게 민주주의는 무너지는가』, 최종훈 번역, 어크로스, 2018.10.
- 안종범 외, 『재정포퓰리즘과 재정개혁』, 새사회전략정책연구원, 2008.11.
- 안종범, 『안종범 수첩: 박근혜 정부의 비망록』, 조선뉴스프레스, 2022.2.
- 안종범, 『수첩 속의 정책: 포퓰리즘과의 전쟁』, 렛츠북, 2022.
- 얀 베르너 뮐러, 『누가 포퓰리스트인가』, 노시내 역, 마티, 2017.5.
- 에즈라 클라인, 『우리는 왜 서로를 미워하는가』, 황성연 번역, 윌북, 2022.6.
- 윤순봉, 윤순봉의 서재 유튜브(https://www.youtube.com/@YoonSB)
- 윤홍식, 『양심정치: 양심이 승리하는 세상』, 봉황동래, 2017.5.
- 윌리엄 맥어스킬, 『냉정한 이타주의자』, 전미영 번역, 부키, 2017.2.
- 이어령, 『이어령의 가위바위보 문명론』, 마로니에북스, 2015.8.
- 이중톈, 『이중톈 제국을 말하다』, 심규호 번역, 라의눈, 2019.4.
- 장웨이잉, 『이념의 힘: 중국 경제의 미래를 이끌 성장 엔진』, 김태성 번역, 니케북스, 2016.5.
- 조지 프리드먼, 『100년 후: 22세기를 지배할 태양의 제국 시대가 온다』, 손민중 번역, 김영사, 2010.1.
- 진중권, 『진보는 어떻게 몰락하는가』, 천년의상상, 2020.11.
- 프랜시스 후쿠야마, 『트러스트(Trust)』, 구승회 번역, 한국경제신문사, 1996.10.
- 피터 콜먼, 『분열의 시대, 어떻게 극복할 것인가: 혐오와 갈등을 증폭하는 정치적 양극화로부터 벗어나는 방법』, 안종희 번역, 상상스퀘어, 2022.3.
- 한국갤럽, "한국인이 좋아하는 나라, 싫어하는 나라, 다시 태어나고 싶은 나라", Gallup Report, 2012.7.25.

- 한국여성정책연구원, "청년관점의 '젠더갈등' 진단과 포용국가를 위한 정책적 대응 방안 연구", 경제 · 인문사회연구회 협동연구총서, 2020.
- 홍승면, 『미식가의 수첩』, 대부등, 2023.5.26.
- Miller and Effron, "Psychological License: When It Is Needed and How It Functions", Advances in Experimental Social Psychology, 2010.
- Ray Dalio, "Expanded Analysis of the Conditions of, and Prospects, for The World's Leading Countries", The Changing World Order, Country Power Index 2023, Jan. 2023.
- US New & World Report, Planet's Most Powerful Countries 2022, Dec. 2022.

G3 대한민국
: K-국부론에서 길을 찾다

초판 1쇄 발행 2023년 07월 24일
초판 2쇄 발행 2023년 08월 11일

지은이 안종범
펴낸이 류태연

기획 정책평가연구원

펴낸곳 렛츠북
주소 서울시 마포구 양화로11길 42, 3층(서교동)
등록 2015년 05월 15일 제2018-000065호
전화 070-4786-4823 I **팩스** 070-7610-2823
홈페이지 http://www.letsbook21.co.kr I **이메일** letsbook2@naver.com
블로그 https://blog.naver.com/letsbook2 I **인스타그램** @letsbook2

ISBN 979-11-6054-644-6 13300